浙江省“十三五”一流学科“应用经济学”研究成果
浙江省重点创新团队“现代服务业创新团队”研究成果
浙江省哲学社会科学研究基地“浙江省现代服务业研究中心”研究成果
浙江省哲学社会科学规划课题“绿色金融视角下浙江风电后市场服务契约优化研究（19NDJC263YB）”阶段成果
浙江省科学技术厅软科学研究计划项目“农业社会企业生产性服务创新的嵌入机理与合作契约研究——浙江农户 BOP 群体实证（2021C35019）”阶段成果
浙江树人大学校级引进人才项目“供应链金融中企业决策及协调机制研究（2018R003）”阶段成果
浙江树人大学著作出版基金资助成果

# 不同供应链金融模式下的企业定价与订货策略

Enterprise Pricing and Ordering Strategies Under Different FINANCING SCENARIOS ON THE SUPPLY CHAIN

董国姝　著

ZHEJIANG UNIVERSITY PRESS
浙江大学出版社

**图书在版编目（CIP）数据**

不同供应链金融模式下的企业定价与订货策略 / 董国姝著. —杭州：浙江大学出版社，2021.12(2022.7 重印)
ISBN 978-7-308-22042-2

Ⅰ.①不… Ⅱ.①董… Ⅲ.①企业定价—研究②企业管理—订货量—研究 Ⅳ.①F274

中国版本图书馆 CIP 数据核字(2021)第 251526 号

**不同供应链金融模式下的企业定价与订货策略**
董国姝　著

---

**责任编辑**　黄兆宁
**责任校对**　卢　川
**封面设计**　春天书装
**出版发行**　浙江大学出版社
（杭州市天目山路 148 号　邮政编码 310007）
（网址：http://www.zjupress.com）
**排　　版**　杭州青翊图文设计有限公司
**印　　刷**　广东虎彩云印刷有限公司绍兴分公司
**开　　本**　710mm×1000mm　1/16
**印　　张**　9.5
**字　　数**　171 千
**版 印 次**　2021 年 12 月第 1 版　2022 年 7 月第 2 次印刷
**书　　号**　ISBN 978-7-308-22042-2
**定　　价**　42.00 元

---




浙江大学出版社市场运营中心联系方式：0571－88925591；http://zjdxcbs.tmall.com

# 总　序

以服务业和服务贸易为主要内容的服务经济迅速崛起，成为20世纪中叶以来世界经济发展的显著特征。服务业和服务贸易在国民经济中的比重不断上升，成为促进国民经济效率提高和国民产出总量增长的主导力量。

把服务业作为一个完整的概念提出并进行系统的理论研究，是20世纪才开始的。分处不同时代的西方经济学家从不同角度揭示了人类社会发展过程中，国内生产总值的最大比例从第一产业转向第二产业，进而转向第三产业——服务业的客观规律性。20世纪80年代中后期，西方发达国家服务业的比重普遍超过了60%，并呈现持续增长的态势，服务经济被纳入国民经济整体中进行考察。关于服务的理论研究也不断深化。国内学者对服务经济的理论研究始于20世纪60年代，服务的性质、服务的价值创造、服务业在国民经济中的地位和作用、服务业各行业发展的理论与实践研究、服务业与服务贸易竞争力分析等被纳入研究范畴。随着服务业和服务贸易在我国经济结构调整、发展方式转变和经济社会可持续发展中的重要性越来越突出，服务经济研究也日益被人们所重视，研究深度和广度也在不断扩大。

浙江树人大学研究团队从2000年开始致力于现代服务业、国际服务贸易研究，是国内较早专门从事服务经济领域的学术团队之一，研究成果获得第四届教育部人文社会科学优秀成果二等奖、全国商务发展研究成果优秀奖、第十三届浙江省哲学社会科学优秀成果一等奖、浙江省高校科研成果一等奖等奖项。目前，浙江树人大学现代服务业研究团队是浙江省重点创新团队，“浙江省现代服务业研究中心”是浙江省哲学社会研究基地，“应用经济学”学科是浙江省“十二五”重点学科，“国际经济与贸易”专业因服务贸易人才培养特色获得“国家特色专业”和“浙江省优势专业”称号。“服务业与服务贸易论丛”是上述创新团队、学科、基地和专业建设的成果，也是团队近年刻苦研究的结晶。

在“服务业与服务贸易论丛”出版之际，衷心感谢浙江省委宣传部、浙江省社科联、浙江省教育厅和浙江树人大学各级领导的关心和支持，感谢中国社会科学院财经战略研究所服务经济研究室、中山大学第三产业研究中心等学术界同仁的帮助，感谢研究团队所有成员的辛勤付出。期待得到学界同行和读者们的指教。

夏　晴

2013 年 3 月

# 前　言

资金问题对供应链生产、销售等环节的影响巨大。资金不足可导致供应链上企业无法实现最优生产或采购决策。经销商如果没有有效的融资渠道和足够的资金实力，就无法执行传统报童模型决定的最优订货计划。由于生产成本以及生产所需的原材料采购等一系列与生产有关的支出发生在取得最终货款之前，除非生产企业有足够的自有资金，或者掌握有效的融资渠道，否则无法顺利完成交货。存在资金约束的企业产生融资需求，会求助于有闲置资金的其他关联企业或者专业的融资机构。企业通过多种融资模式解决资金不足的问题。典型的企业融资行为包括贸易信用、银行信用和组合融资等。企业正常生产经营必须缴税，而税负自国家出现以来一直都存在并深深地影响着供应链上企业的发展，税务部门同供应商、经销商、金融机构一起共同分享渠道利润。目前关于供应链金融研究的成果，对税负因素的讨论不够深入，或者仅仅把税负看成与目标利润的百分比，进行优化时将其直接扣除。然而，税负是导致市场不完美的重要因素，它是企业经营管理中必须负担的支出，并且税目繁多，税法规定详细、多变，这就迫使企业普遍考虑纳税筹划问题。考虑企业所得税后，由于融资利息可抵扣应纳税所得额而节省企业税费支出，因此债务利息也被称为债务税值。采用不同的融资模式，税法对相应模式产生的融资利息可抵扣额度的规定有所不同。符合税法规定的融资成本越高，可抵扣金额越大，当期应缴税金越少，企业负担越低。因此，引入税负并结合不同的融资模式时的企业决策过程变得更加复杂也更加有趣。这意味着在供应链上企业间的博弈中，又加入供应链上企业与国家间的博弈，企业决策问题变得更加复杂。但是把原本存在而被忽略的税负因素纳入企业决策过程，会使得最终制定的策略更细化、更准确。

首先，本书研究在信息对称的前提下，以供应链管理理论、金融财税理论、激励理论为指导，在税负后的贸易信用模式、组合融资模式、银行信用模式中，供应商的价格策略和经销商的订货策略的制定过程。基于税法对融资利息可抵扣当期应纳税所得额的规定，因融资利息抵免而无需缴纳的税费部分被视作税盾；提供产品的供应商如果没有融资需求，则进行价格决策时将纳税成本引入利润模型，通过优化过程找到最优定价，但是正因居于主导地位的供应商以价格作为决策变量，因而能够通过价格策略的调整决定贸易信用的利息收付方式。利息支付方式有隐性和显性。如果供应商也有融资需求，可通过向供应链外部第三方投资人寻求融资，这时供应商的价格策略是在组合融资模式下制定的。其次，本书研究存在信息不对称时，不同融资模式下供应商和经销商的策略制定问题，并通过建立甄别模型和信号传递模型控制由信息不对称引发的逆向选择风险。

# 目 录

# 第一章　研究背景及文献综述

## 第一节　研究背景

从最初的原材料供应商处进行原料采购，然后由生产企业下单生产，再到包装发货，之后通过经销商和零售商的销售渠道进行销售，最后商品配送到终端消费者手中，形成一条供应链，链条上包括物流、信息流、资金流。如果供应链上的某一环节存在资金约束，比如生产和销售环节，就会直接影响企业当期的产量与采购计划的顺利执行。因此，企业必须想尽办法寻找融资渠道和融资方法为自身融资。

### 一、供应链上企业融资的动因

从供应商的角度来看，其处于供应链上游，负责订单商品的生产责任，并应按销售合同规定的数量、质量和交货日期等条款发货，完成产成品转移。供应商在备货、生产甚至是发货的任何环节，都会受到资金状况的影响。如果供应商因资金问题不能顺利备货、保质保量的生产和交货，则会违约。而违约会给供应商带来有形、无形的损失，其中包括缺货损失、增加机会成本、降低市场占有率等，对自身的成长和发展造成不利的后果。

从经销商角度来看，处于供应链下游的经销商同样面临资金约束，若资金不足导致无法采购足额商品满足市场需求，就会失去消费者信赖。中小经销商还面临高额销售成本，如广告和客户开发和维护费用等。这些都是经销商可能出现资金需求的原因。尤其当销售的商品具有可替代性强、分销商众多、销售网点分布密集，商品市场又处于自由竞争或垄断竞争阶段的时候，生存就是中小经销商的首要任务，而获得有效的融资就像血液之于人体，是维持中小企业生存的重要因素。

企业存在和发展的最根本目的还是逐利，而资金约束是这个过程中经常遇到的问题。无论是为了生存还是为了更好地发展，企业迟早都要面对资金问题，逐利的本质使得企业无论如何都会想尽办法克服困难。

## 二、企业解决资金约束的方法

存在资金约束的企业有了融资需求，会求助于有闲置资金的其他关联企业或者专业的融资机构。典型的企业融资行为包括贸易信用、银行信用和股权融资等。贸易信用是当供应链上企业出现突发的临时性资金短缺时常用的融资方法，属于关联企业间的资金融通行为。关联企业间的融资，受到法律法规的严格监管，通过这种渠道进行融资，融资的双方企业应该谨慎。

### （一）贸易信用

贸易信用分为两类：一种是延迟支付，即上游供应商对于资金不足或者没有资金的下游经销商，允许其先行提货并延迟一段时间再进行货款的偿付，相当于为资金不足的经销商提供了资金融通，俗称"放账"。延迟支付的融资方式，对供应商而言，其面临的风险几乎是所有融资行为中最高的。在没有第三方担保的前提下，供应商全凭对下游经销商的信赖，在发货当时拿不到全部或部分货款，因此如果经销商违约，供应商将面临钱货两空的窘境。因此，若要通过延迟支付为下游经销商提供融资，供应商一定要对下游经销商做好信用评估，充分了解和掌控下游企业的日常运作状况，以便在已经发货没有收回货款的情境下，也能够有其他的监控手段和措施应对下游经销商可能违约的状况。贸易信用的另一种方式是预付账款。这是下游经销商对上游资金不足的供应商提供的融资支持。上游供应商在备货前已出现资金短缺，下游资金充裕的经销商为了帮助供应商顺利完成交货，允许在没有收货的前提下，先行支付部分或全部货款给上游供应商，即对其融资。同样，这时的资金提供方——经销商也将面临钱货两空的风险。

鉴于贸易信用中的资金提供方可能遭遇的巨大风险，一般来讲，供应链上企业间的贸易信用融资模式，通过收取适当的融资利息来平衡资金提供方为供应链上其他相关企业融资而损失的资金时间成本以及为此承担的风险。虽然，现实中有供应链上的资金提供方并不收取融资利息（这与通常银行信贷区别较大）的实例，但是除非资金提供方对融资方极为信赖或有足够的制约手段，才会无条件地允许对方延迟支付或预付，否则风险太大。一般情况下，供应链上的资金提供方都会按照提供融资所承担的风险以及市场的平均利率水平，制定适当的融资利率，以平衡自身因为提供融资而承担的风险和成本。

### （二）银行信用

银行信用融资模式下，有第三方金融机构参与到实体供应链的运作当中，为供应链上的企业在各个环节出现的资金需求提供融资服务。正是因为银行拓展自身传统信贷业务、寻找新的利润增长点的需要，以及可以更好地了解放贷资金参与实体项目运作的具体情况，银行主动出击，找到实体企业，并与其合作，将资本注入供应链实体。同时不断促进这种融资方式持续发展，适时将其推向更广阔的市场。

银行信用下的融资方式多种多样，如最传统的信贷业务，银行经过严格的资信审查之后将款项发放给所需企业，企业按银行规定利率和期限到期还本付息。即使经过最严格和专业化、系统化的资信审查，银行也不能完全消除融资企业的违约风险，因此多年来银行在传统放贷业务中不断推陈出新，尝试开展新的业务方式，在保证资金安全性的首要前提下拓展盈利空间，加快资金的流动性。比如订单融资、保兑仓、应收账款融资，都是银行与供应链上企业合作的具体实践。银行在提供融资服务的同时，以获得可靠担保品来保证资金的安全性。应该强调的是，银行信用不同于贸易信用，虽然贸易信用中也不可避免地需要银行等金融机构参与货款的结算，比如结算业务中的汇款和托收，但是贸易信用下的银行等金融机构并不承担第一性付款责任。而银行信用的特性，正是由银行承担第一性付款责任，比如信用证业务：出口商发货之后备齐相应的全套商业单据，向通知行或保兑行等相关银行索偿货款，也就是说不论收货的进口商是否同意支付货款，包括拒不收货或者收货后拒付，都不影响出口商的货款偿付，这正是银行信用的特性，是银行而不是融资企业承担第一性付款责任。最常用来与信用证业务进行比较的是托收业务：托收项下的出口商发货后备齐全套单据提交银行，银行仅仅负责传递票据并通知进口商付款，如果进口企业违约，托收项下的参与银行不负责偿付。所以跨国企业开展融资业务，若跨国供应链上的双方企业并不熟识，那么出口商通常愿意选取有银行信用保证的信用证业务进行货款结算，以降低收回货款的风险，即使这样做需要支付高额的费用。

## （三）多种方式组合融资

如果供应链上的供应商和经销商都出现资金约束，则可以采用均引入第三方金融机构的融资方式，也可以在无法同时获得银行信用的情况下，将贸易信用和银行信用组合使用。比如，上游供应商在同一销售期间内，有先后两种使用资金的情况出现。为完成经销商的订货，供应商需要先用自有资金购买生产商品所需的原料并支付相应的生产成本，而销售商也存在资金约束，不能在收货时足额偿付全部货款，因此供应商允许经销商延迟支付，为其提供贸易信用。然而供应商在其对经销商贷款到期之前，寻找到新的投资项目，因而有了新的资金需求，只是由于自有资金已经用于生产的先期投入以及经销商延迟支付的剩余货款尚未收回，出现资金缺口，于是供应商在此时需要通过向第三方融资解决资金需求。向第三方融资时供应商可将经销商尚欠的剩余应收货款进行转让或者抵押来融资，为此供应商需要支付相应的利息成本。在同一销售期间，供应商同时担任出资方和融资方两类角色，并为此收取贸易信用的利息收益以及向第三方支付融资的利息成本，因为在销售初始合同协定商议的时点，供应商可根据相应的利率水平、订货量、税率等参数优化自身的期望利润。除了当期出现再投资引致的新资金需求之外，供应商也会出于降低延迟支付引致的剩余回款风险的考虑，而在延迟支付到期之前将应收账款抵押或转让来提前套现。但无论是哪种目的，都会使供应商在为下游经销商提供贸易信用的当期，在完成经销商订单之后出现资金缺口，因此双方都存在资金约束时，就出现了组合融资的模式。

根据上述谈及的情境，供应商可以采用保理业务，也可以采用当期呼声很高的资产证券化业务，将优质的应收账款证券化，卖给其他投资人，获得融资并支付利息。于是保理结合贸易信用、应收账款证券化结合贸易信用的创新的组合融资模式被开发出来。资产证券化业务在我国处于逐渐发展的阶段，尚有广阔的增长空间，同时也需要相应的法律法规和监管机制不断地配套出台和完善，才能顺利发展并成熟。

## 三、税负是影响供应链上企业运营决策和融资决策的重要因素

由于税负从过去到现在一直都存在并深深地影响着供应链上企业的发展，国家和政府通过向企业征税来分享供应链整体利润，因而分享供应链整体利润的参与人，其实还有国家。但供应链管理的理论领域对国家和政府参与利润分享的研究有待更深入拓展。当在供应链的多重博弈关系中，又加入供应链上的企业与国家、整体供应链与国家之间的博弈，供应链管理问题更加复杂，但也更加细化、准确。当把税负的因素纳入供应链管理和运营决策分析当中，相信会有新的结论出现。图 1.1 说明了供应链上渠道利润的分割。

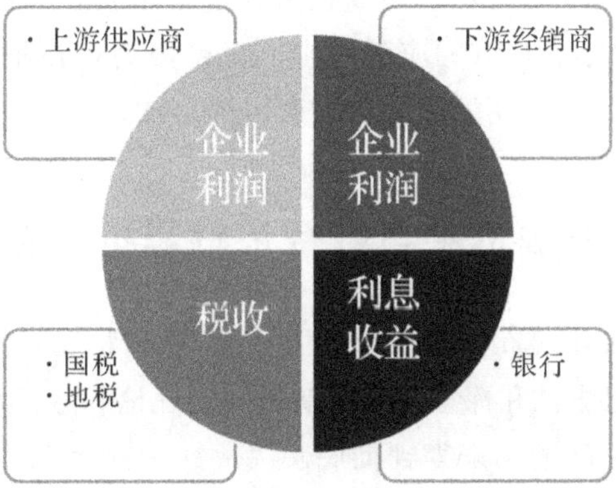


图 1.1　供应链上的参与人分割渠道利润

税负一直都是企业进行成本费用计算、利润优化、决策分析时不能忽视的因素。复杂的应缴税金的计算方法、名目繁多的应税项目和抵扣项目，以及时有变更的税法相关条例，都会直接影响企业的运营和融资决策。一家处于正常运营的企业，会涉及很多税种：商品在供应链上的各个环节流转发生增值需要各节点企业支付或代扣代缴增值税；企业必须缴纳所得税；原有“营业税”在探讨多年并最终隆重推出的“营改增”政策下被废除，企业因此直接受益，是重大利好；如果企业开展跨境贸易，还要涉及进出口关税；另外还有消费税、资源税、城市维护建设税等等。在“营改增”的大利好政策推出之前，企业承担的纳税负担确实不算轻松。

比如，应缴税金是企业对国家的一项负债，企业在计算利润时应将其扣除。如果税率发生变动，则企业的应缴税金也相应变动，进而企业的利润和运营策略也会改变。另外，如果企业进行融资，那么企业的应缴税金与其采用的融资模式相互作用，进而企业在计算当期利润或期末财富时，在不同的融资模式的影响下，应扣减的应纳税所得也会出现差异。因此企业在对不同的目标进行优化的过程中，会主动选择更有利于其决策的融资模式。当然，如果将融资的模式固定，企业也会因目标的改变而对运营决策进行调整。企业的目标多种多样，可以是期望利润、期末财富或企业价值，甚至一家企业如果受到税负的影响巨大，也可将纳税最小化作为目标进行决策优化和策略选择。此外，企业当期自身的经营状况和结果，也影响其当期的应缴税金。税法对盈利和亏损企业的缴税办法有不同规定：盈利企业必须按实际销售依法纳税；亏损企业当期不必纳税，因此应缴税金为零，并且前期亏损可在当期抵扣，如果下期能够扭亏为盈则当期亏损可在下期抵扣。税法对连续亏损或连续抵扣的企业纳税办法均有相应的规定。正是因为存在不同的经营状况，不同的企业，或者同一企业在不同的阶段产生的应缴税金均有所不同。

## 四、中小企业融资难与银行惜贷恐贷并存的矛盾

一方面，中小企业融资一直存在很大难度，这种状况虽然早已被理论界和实践界所注意，并且尝试和探索很多创新的融资理论和融资模式以满足中小企业的需求，但是这一问题并未得到彻底解决。另一方面，市场的流动性从来都不缺乏，只是掌握货币资金的金融机构对实力相对弱小的中小企业资信评估苛刻，为其提供融资服务的代价很高，很多中小企业望而却步，只得另觅他途。这种矛盾的存在，既有中小企业自身的原因，又有金融机构歧视的因素。比如有违约记录的中小企业很难再从正规渠道融资；再比如中小企业自身经济实力薄弱，可用来抵押担保的财产价值非常有限，导致越是有资金需求的企业越借不到钱，而越是资金充裕、融资需求越小的企业，越有金融机构主动上门要求放贷。

## 五、供应链金融业务

供应链金融（Supply Chain Finance，SCF），是指银行等金融机构分析供应链上的各个节点企业之间的商业交易，以及供应链运作情况，运用商业交

易行为中各种借贷工具，积极吸引除节点企业以外的供应链关联方参与风险控制，比如寻找供应链的核心企业，或者第三方物流企业，对有融资需求的供应链上的企业提供融资便利，或者其他相关金融服务。图 1.2 和图 1.3 显示了传统金融与供应链金融的区别。

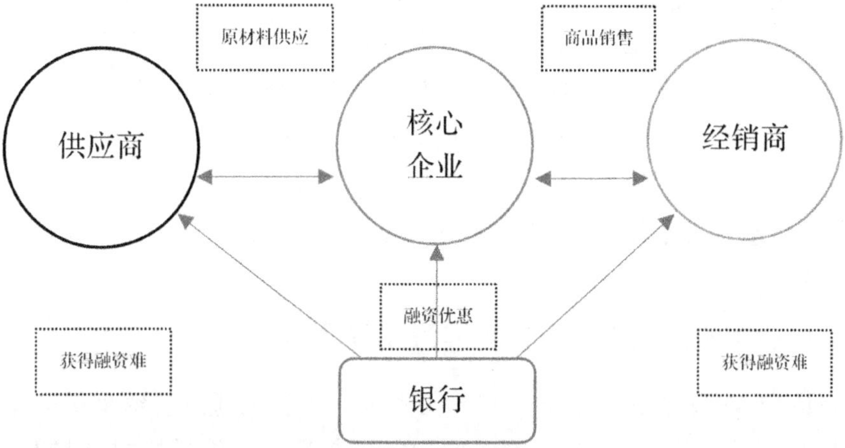


图 1.2　传统金融

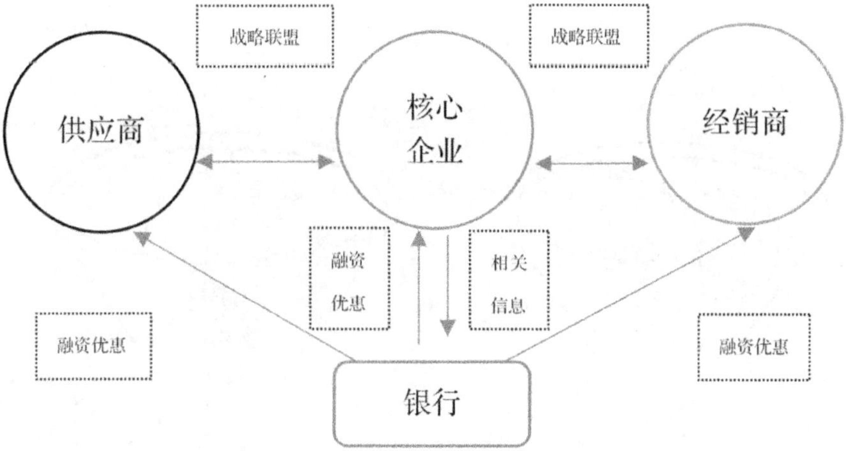


图 1.3　供应链金融

# 第二节　研究意义

供应链节点企业均有可能面临对资金的需求，在对运营决策和融资决策的权衡过程中，不可忽视税负对最终决策的影响。税负与每家企业息息相关，企业所选融资模式不同，其适用的税法关于企业所得税征缴的规定也不同。因此有融资行为的企业更加不能忽视税负因素。

## 一、理论意义

### （一）将税盾效应引入供应链管理理论

由于税法规定，融资利息可以作为财务费用在税前对应纳税所得额进行抵扣，所以企业当期的融资利息越高，抵扣后的应纳税所得额越低，因此当期的应缴税金越少。由融资利息而引起的税费减少的部分，就是税盾。在金融和财务管理领域，对税盾效应有着相当全面和深入的分析。图 1.4 至图 1.7 展示了引发税盾效应的几个重要因素，以及应纳税所得额的计算。

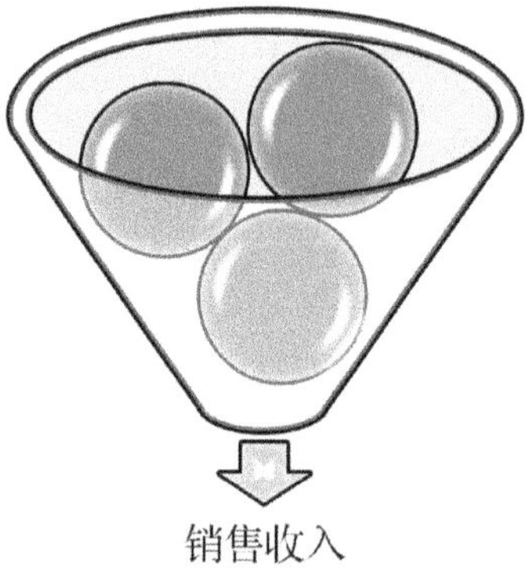


图 1.4　实现的销售收入

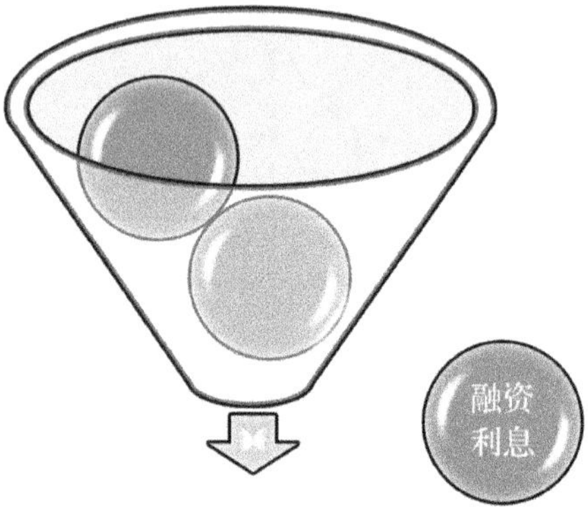


图 1.5　融资利息作为税盾

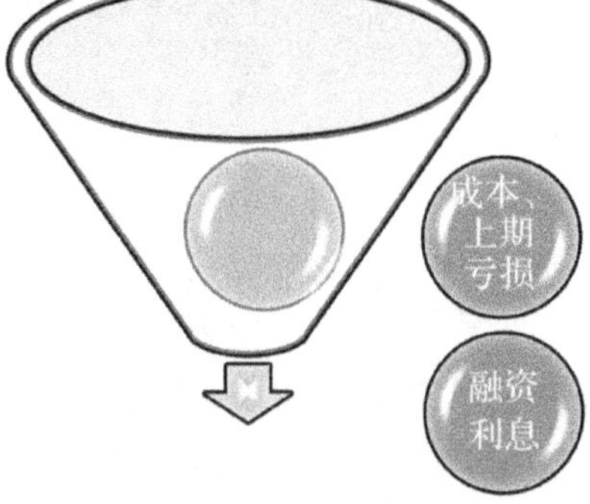


图 1.6 融资利息和成本及上期亏损均为税盾

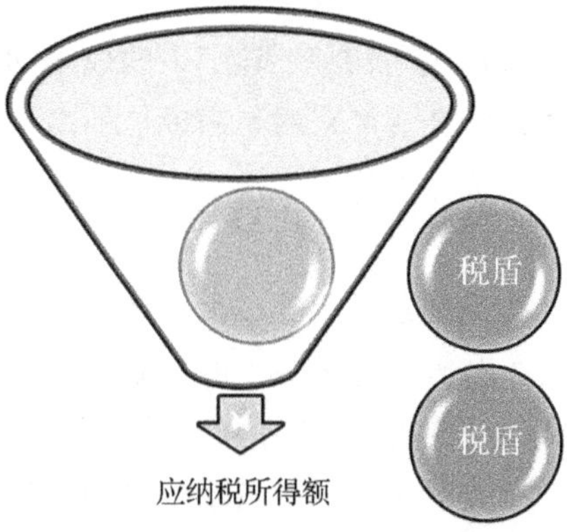


图 1.7 应纳税所得额的形成

如图 1.4 至图 1.7 说明当期应纳税所得额是从销售毛利中扣减融资利息和亏损得到的余额，可扣减的项目越多，当期应纳税所得额越少。应缴税金越少，企业纳税负担越轻，就越能对企业发展形成正向的激励。

### (二)将企业所得税引入不同融资模式并分析企业相应的决策

企业所得税的计算，虽然与企业当期实现的销售收入直接相关，但是在单周期环境中其应缴税金并非是企业利润或企业期末财富余额的一定比例。因为企业计算的利润或期末财富与税务机关计算企业应纳税所得额的方法存在差异，所以应先明确企业的应纳税所得，再进行目标的优化过程，找到最优决策。贸易信用下，如果资金提供方不收取利息或使用隐性利息收取方式，则形成的应缴税金可能是企业税前利润的一定比例，但这要满足苛刻的条件，并不具有普遍性，所以还是应该先计算贸易信用下的应缴税金，再对目标进行优化。企业所得税在贸易信用下的独特影响是，由于供应商的给定价格分为显性利息方式和隐性利息方式(加价)，则不同的定价策略导致经销商计算应缴税金的金额存在差异。不同的定价策略对经销商享受的税盾效应产生不同作用，因此应分别讨论经销商的订货决策。订货策略的变化会直接导致作为主导的供应商的价格策略的变化，这是企业所得税在贸易信用下的影响作用。

银行信用中，明确规定了贷款利率，并且融资行为发生在供应链上的企业与第三方金融机构之间，因此不涉及税法的相关限定，融资企业可全额享受融资利息带来的税盾效应。在对所提及的两种融资模式进行选择时，除了考虑融资成本、破产风险、采购成本和市场需求的不确定性，还应比较两种融资模式给企业带来的税盾效应的多少，并在此基础上进行最终决策。

### （三）丰富了企业融资理论

随着国家对企业减负扶持的决心和力度的不断提升，金融业不论是为了自身盈利需要还是为了配合政策扶持中小企业发展，都会不断创新推出金融业务和融资渠道，使有资金需求的中小企业能更顺利获得融资。资产证券化的融资方式正是当下炙手可热的融资方式之一。它将企业优质的、流动性差的资产盘活，在有价无市的尴尬境况中，将这些资产与金融市场对接，打造出全新的金融衍生品，极大地激发了资产的流动性。流动性一旦被激发出来，既可以满足企业对资金的需求，又可以为没有资金约束的企业创造一笔新的投资本金。

## 二、现实意义

### （一）引入税盾效应助力企业更准确制定运营决策

将税盾效应运用于企业的运营决策和融资决策及供应链管理理论的成果尚属罕见。正因利息成本形成的税盾效应，企业在其他条件限定固定后，更倾向采用举债方式解决资金需求。然而，实践当中很少有企业是全额举债运作。原因之一是举债带来税盾效应的同时也会加剧企业破产风险，提高企业融资成本。因此，究竟采用何种方式融资，或者举债应该达到何种程度，需要企业在正负影响作用中进行权衡后找到最终决策。即使企业采用的融资模式需支付很高的融资利息费用，也有可能因为税法对某种融资模式的特别限定，企业无法按预期的融资利率享受全额融资利息引致的税盾效应，所以期待的税盾效应大打折扣。因此除了考虑税盾效应之外，还要考虑税法的相关规定，然后找到最终决策。

### （二）多种融资方式的组合变换有助于解决企业融资问题

将资产证券化与贸易信用组合，需要满足一定的条件，比如证券化的融资利息不能高于贸易信用的利息收益、单期情境中要注意掌握事件发生的顺序以及组合融资行为发生的不同时点。另外,组合融资对上游供应商的应收账款的质量要求很高:以应收账款为基础产品的衍生证券的设计中,存在多重措施以保障证券投资人资金的安全性,比如风险隔离、对应收账款的原始权益方有追索权等。衍生品的设计虽然复杂,对基础资产和融资方的要求虽然严格,但是都是为了给在同一销售期内的供应链上、下游企业分别提供融资。多期情境中,企业在连续经营的假定下,以每期期初的时点作为节点,每期该节点上都会有到期的应收账款,从而形成一个资金池;或者,虽然融资企业应收账款的账期十分混乱,但是可以经过金融机构对不同应收账款的调整,符合资产证券化的要求,也可以做出很好的应收账款证券化产品,用以满足具有优质、多期多笔应收账款企业的融资需求;应收账款的收益权,也可以做成很好的证券为企业融资。

# 第三节 研究现状

中小企业融资难的问题已经引起理论界和企业管理者的重视,针对银行手中握有大量闲置资金却不肯放贷给中小企业的原因已有诸多分析,并且针对不同的情境,现有相关文献给出了解决中小企业融资难的办法。

## 一、贸易信用和银行信用模式

供应链管理理论研究发现,资金约束对企业决策有重大影响。自有资金可能不足以支持供应链上各个节点企业运营决策的顺利执行,在引入经典供应链管理决策模型后,企业的运营决策将发生变化。比如分散决策下的经销商,面临资金约束并且暂时无法融资,则其订货决策将无法达到资金充裕时的最优水平。这时,如果市场需求等其他变量固定,会导致经销商订货不足、市场出现缺货的状况。同样,生产商制定了产品的批发价格,即进行价格决策。在钱货两清的商业交易中,生产商需要在交货(收到货款)前用自有资金垫付成本、原材料购买等款项。针对经销商的订货数量,资金充裕的生产商报价低于资金约束的生产商,因此资金约束下生产商获得的订单很少,而价格劣势结合商品较强的可替代性,最终可能导致资金约束下的经销商被市场淘汰。可见,除了生产管理、运营管理中的基本结论之外,生产商的资金充裕度或融资能力也影响其生存和发展。

很自然地，研究如何解决资金约束的成果不断涌现。根据实践的启发以及金融投资领域的理论指导，贸易信用的融资模式成为这类研究的核心内容之一。解决资金约束的这类研究包括贸易信用和银行信用下供应链上企业的决策分析，贸易信用和银行信用下的供应链契约设计，以及如何实现供应链协调等问题。设定不同的情境，可以将贸易信用和银行信用的相关研究不断拓展，比如引入信息不对称问题，将单期问题扩展为多期进行决策分析，供应链上、下游企业从一对一的状态演变为一个核心企业对多个下游企业，或者需求函数有所变化，以及订货策略允许根据市场需求信息的反馈进行更新等等。将供应链上企业的贸易信用融资与众多供应链管理领域的典型问题相结合，可以在相当程度上将最初的无资金约束问题的供应链管理理论不断推进和深化。

## 二、几种运用于实践的经典供应链融资模式

国内供应链金融领域经典的融资模式有：预付款融资、保兑仓、应收账款池融资。现有研究对这三种经典融资模式下的企业决策、供应链契约优化、供应链协调均有不同程度的涉猎。图 1.8 总结了对应供应链运作各个环节中节点企业可接触的供应链金融产品。

如图 1.8 所示，上游供应商可凭核心生产企业的订单进行订单融资，解决备货时出现的资金不足。上游供应商负责供应链运作中的发货，发送核心企业所需的原材料、发票。凭商业发票，上游供应商还可以进行票据贴现，或者将对核心企业的应收账款转让给保理商，以及通过信用证业务等相当多的方式解决可能的融资需求。核心企业完成向下游经销商的发货责任后，也可以进行票据贴现，或以保理、信用证方式进行融资。特别需要提及的是，供应链金融中的“保兑仓”业务，不但由银行通过货款预付解决了下游经销商、核心企业和上游原料供应商等全体供应链节点企业的资金需求，而且凭借保兑仓中的“回购担保协议”保障了银行放贷资金的安全性。该回购协议承诺：当销售期末市场销售状况不佳，经销商货物未能按预期回收货款，无法偿还对银行的借款时，由核心企业购买剩余产品代替下游经销商将尚欠货款偿付给银行。这种协议的存在，对核心企业的决策影响很大。另外，包括供应链下游经销商甚至是终端消费者，均有多种融资方式可解决供应链节点上的融资需求。

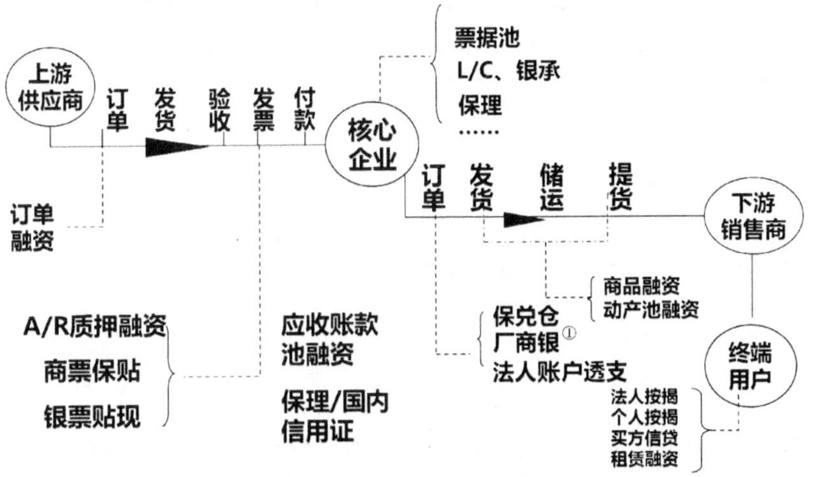


图 1.8　供应链金融产品组合

## 三、多种融资模式的比较分析

当多种融资方式可供企业选择，现有研究通常更关注不同融资方式对供应链节点企业的不同影响，从而为有融资需求的节点企业找到更优的融资策略。一类研究是在不同的设定前提下，分别站在供应商和经销商目标优化的角度，对贸易信用和银行信用进行比较。比如 Kouvelis 和 Zhao(2012) 设定提前支付有折扣、延迟支付则融资利率较高的条件下，认为供应商应以较低的利率为经销商提供贸易信用，这对供应商是更好的选择；换个角度，对经销商来讲，如果可以拿到经过结构优化设计的贸易信用合约，则选用供应商提供的贸易信用比银行信用更好。这一类比较研究，基本以贸易信用和银行信用为例进行比较，具体的区别在于设定前提条件的不同。

① 厂商银是指商品生产商(厂商)、商品贸易商、银行及其他相关合作方按照事先协议约定，由银行为贸易商开出商业汇票办理承兑，定向用于向厂家购买商品，并由厂家承诺承担一定责任(退还差额购货款责任，或交付商品责任)的一种融资方式。“厂商银”贸易融资业务中，银行控制商品(或商品提货权或仓单)，在贸易商缴存相应保证金后，银行释放商品(或商品提货权或仓单)。

另一类研究是站在经销商的角度，在贸易信用允许经销商延迟支付并且通过现金折扣激励经销商提前支付的条件下，经销商选用现金和贸易信用及短期借款的组合融资模式实现目标优化。该研究认为贸易信用合约的设计含有风险分担机制，可有效提高供应链的运作效率（Yang and Birge，2009；Xu and Birge，2005）。

## 四、与供应链上企业融资相关的其他专题

### （一）破产

举债，带来破产风险。企业难免会因为经营不善、经营成本过高或销售收入过少，而入不敷出，尤其是当企业负债经营，偿债到期日不能全额归还所欠款项，并且没有再融资渠道时，就会面临破产清算。破产清算的过程，也要发生与之相关的破产成本。破产成本可分为固定成本和可变成本，前者是诸如支付给清算机构、支付律师费等不可规避的流程费用，后者是与实现的收入相关，与当期收入成一定比例的成本；如果企业尚有机器、厂房等固定资产，股票、有价证券等投资，都可以进入破产清算作为清算收入。破产清算是一个相当烦琐和复杂的过程，涉及破产企业的大小细节和所有与之相关的法律法规。融资可能引发的破产问题，已有将其结合供应链契约的设计、供应链协调的研究，相信将来还会有更广阔的拓展。

### （二）多期中的融资

企业持续经营是常态，因此每期都有出现融资需求的可能。为了简化模型便于计算，可将融资放在单期考察，但是单期中的融资问题的结论不一定适用于多期。

### （三）信息不对称

信息不对称问题存在于管理中的很多层面，关于由信息不对称问题引发的逆向选择和道德风险方面的研究非常广泛。很多研究更关注对信息不对称问题的解决办法，通过设计特定的参数或有针对性的激励机制应对这类问题。信息不对称问题与企业融资问题结合后形成两类问题：贸易信用中资金提供方与融资方企业间可能出现信息不对称问题，银行信用中银行等金融机

构与融资企业间可能出现信息不对称问题，而后者在融资实践中的矛盾显得更加突出。

## 五、企业税负与供应链管理

### （一）跨境供应链管理中的纳税政策与汇率风险防范

在全球供应链管理问题中，跨境的商业交易涉及进出口关税，每个国家对跨境交易商品征税具有不同的规定，如税收优惠或存在税负歧视、地区缴税差异等，这对跨境供应链上的节点企业的影响显而易见。非关税壁垒的存在，一直是国际贸易研究和跨境供应链管理不可忽视的问题。另外，进行跨境交易时，由各国货币购买力不同导致各国货币的价值存在差异，不同价值的货币兑换时参照货币与货币的比例，该比例即汇率。汇率是外币价格，价格围绕价值波动，所以汇率也围绕货币自身价值波动。汇率波动是跨境结算时必须面对的问题，汇率风险防范也是全球供应链管理问题中的热点之一。

### （二）有税负的供应链企业运营与融资策略研究

供应链管理领域，有两类研究：一类是根据具体税目分析企业运营与融资决策；另一类并没有对企业税负进行详细的分类，而是用一个统一的参数来描述企业税负情况，然后将其作为企业运营中的一种成本，从目标利润中扣除，对税后目标利润进行优化并寻找不同设定前提下的最优决策。另外，还有学者将单期问题扩展为多期，在多期的环境下研究企业税后利润最大化的问题，但是该类研究更多注重对模型算法的探讨和求解，对工业产业的影响和实践意义有待考察。

### （三）转移定价问题

由转移定价衍生出类似的内部价格，由集团内部不同部门间制定，最大限度地利用地区或国家间的税率差异，以实现集团整体利润最大化的目标。一家跨境生产和销售的企业，以跨国集团的组织形式存在，所拥有的两个重要部门——生产部、销售部，因为成本和市场需求等原因，分别建立在不同的国家，因而对于成本和收入的计税标准存在差异。比如：该集团的生产部门承担着最终产品的很高比例的生产成本，并且生产部门所在国按30％的税率征税；而最终产成品的产销部门所在国的税率相当优惠，只有15%，并且销售成本在商品总成品中的比例非常小，而且产销部门负责生产的最后一道很简单、成本极低的工序。这意味着，如果能够将尽可能多的成本留在高税率国家或地区，尽可能将产成品的利润留在低税率国家或地区，那么集团整体就可能因为税率差异而节省15%的税费。于是，通常此类企业集团，将生产部门生产的中间产品（还剩最后一道工序由产销部完成并在当地市场销售）制定一个较低的中间价，类似转移价格，使生产部门获利甚微，因此总利润中需要按税率缴税的应纳税所得的占比也非常低。同时由于产销部从集团内部获得了非常优惠的采购价格，在当地市场正常销售时可从商品总利润中获得相当高的比例，而为此所支付的应缴税金却是按低税率计算的，因此可以节省很多税费支付。所以，集团企业乐此不疲地参考转移定价方法减少缴税，留住更多利润。

# 第四节　研究内容

## 一、研究思路

本研究从供应链管理的一般理论问题出发，以供应链上企业存在资金需求为起点，将企业所得税因素引入有融资需求的企业目标函数，分析不同的融资模式下税负在企业目标优化的过程中对企业决策的影响。

首先，是贸易信用模式。这是供应链金融系统中最传统的融资模式之一，分散决策时我们将所得税分别引入经销商、供应商的利润模型，在所得税的影响下，供应商的价格以及经销商的订货决策与已有相关文献的结论均有所不同。我们还具体分析了税率、批发价格的变动对经销商订货决策的影响。另外，本研究对现有贸易信用模型进行拓展，分别将贸易信用融资分为没有融资成本的基础模型和有融资成本的模型进行分析，并发现贸易信用中融资成本的收付形式对经销商和供应商的决策也会产生影响。将贸易信用的融资利息收付形式分为显性利息和隐性利息，并分别在显性利息和隐性利息方式下分析供应链上企业的运营策略，进行比较分析，为供应链上企业在不同的情境中的决策提供帮助。本书还对无融资成本的贸易信用模型的集中决策进行分析。

其次，对于为有资金需求的下游经销商提供贸易信用融资的上游供应商，在完成交货、延迟支付到期之前也出现了融资需求，于是上游供应商通过向第三方投资人寻求融资的情况，本研究分析了供应商向外寻求融资结合贸易信用的供应链内部融资模式的组合融资模式下，供应链上节点企业的决策。

再次，本研究又针对由银行等金融机构为下游经销商提供融资，同样引入所得税因素的情况，分析了供应链企业的决策。由于企业间贷款与银行贷款有相似之处，但是企业间贷款受到税法的相关规定限制，因此本研究将关联企业贷款时的经销商决策与银行信用时的决策进行比较分析。

最后，本研究将信息不对称引入银行信用模型，以银行信用的典型结算方式信用证为例，分析了供应链上节点企业的运营决策。

## 二、研究方法

研究以"提出问题→分析问题→解决问题"的逻辑顺序展开，以供应链管理理论、金融理论、税收理论等文献为基础，展开理论研究。

第一，通过供应链管理理论、金融理论以及税收理论分析，以成本一收益分析法为基础，进行企业运营决策分析。

第二，借助比较分析法和边际分析法，考察不同的融资模式在企业所得税的作用下，对企业决策选择的影响。

## 三、框架结构

全书先抛出问题，然后分析并给出解决方案的思路，具体框架结构如下。

第一章介绍了本研究的相关背景和文献，阐述了有税负时开展供应链融资模式中的定价与订货决策研究的动因、该类研究目前发展的现状，并论述了本研究的理论意义和指导实践的价值所在。

第二章为不同融资模式中企业决策的文献综述。针对研究问题所涉及的供应链管理理论、财税金融理论、运营决策制定、信息经济学等文献进行理论梳理，归纳并总结当前最新研究成果。

第三章为贸易信用模式中的企业决策分析。研究该融资模式中供应链上经销商的订货策略、供应商的定价策略，企业进行决策选择时需要考虑的贸易信用的风险、贸易信用的税盾效应，上游核心供应商选择贸易信用利息收取方式对供应链上下游企业的影响以及在此情境中的供应链协调性分析。

第四章为银行信用模式中的企业决策分析。承接第三章的研究思路，假定供应链上经销商存在资金约束，但融资策略不同于之前章节，经销商通过向供应链外部金融机构寻求融资渠道。

第五章为不同融资模式中的信息不对称问题。承接之前几章提出的贸易信用融资、组合融资、银行信用融资，提出融资中存在的资金提供方与融资方之间的信息不对称问题，并在此设定中制定有融资需求的供应链上企业的决策以及银行等金融机构的决策问题。

第六章为结语。对全书进行归纳总结，并从其他可能出现的融资模式入手，探讨供应链上企业的决策。与融资模式和税负相关，能够影响企业定价与订货量决策的其他因素也是未来研究拓展的方向。

## 四、创新之处

本书在对文献梳理的基础上，经过研究和反复论证，做出如下创新：

第一，将税负因素引入贸易信用模型。传统的贸易信用模型的研究形成了很多十分有价值的成果，但在贸易信用模型中考虑税负因素的甚少，即使涉及纳税也是将其看作与企业目标函数成比例的成本支出，建立模型时直接将其扣减，并未严格区分不同税种的影响。然而，本书明确提出将企业所得税引入贸易信用模型，融资企业的决策过程包含在税盾效应和融资成本与融资风险间的权衡过程中。研究表明，在企业所得税的影响下，企业的订货策略与传统的贸易信用模型有明显区别，供应商定价过程中约束条件的增加也导致了不同的价格策略。另外贸易信用中的主导供应商既是卖方也是资金提供方，享受的权益包括取得与商品等值的货款及让渡资金使用权对应的利息收益，价格和利息的制定均是供应商的决策，这两种决策均对下游经销商的订货决策产生决定性影响。研究还表明供应商的最优价格决策并不一定是目标利润函数的最大值，利息收取的方式会直接影响下游经销商的税盾效用进而影响其订货策略和双方利润。因此本书就利息支付的不同方式对供应商和经销商的价值进行分析，通过建立有税负的贸易信用企业决策模型，并对不同利息收付方式下的企业利润进行比较，为贸易信用中的供应链节点企业如何选择利息收付方式提供指导建议。

第二，将税负因素引入银行信用模型。本书研究了当缴纳企业所得税的企业有融资需求，其通过银行信用进行融资，并且产生融资利息成本，融资利息按税法规定可以作为财务费用全额抵扣当期应纳税所得额的情况。因此，银行借款给缴纳企业所得税的借款企业带来税盾效应，即借款企业当期因借款产生的利息可在税前抵扣应纳税所得，从而减少企业当期应缴税金。这对企业是正向激励，因为企业由于资金约束要向银行借款才能完成当期采购计划，而银行借款能够为企业节省部分纳税开支，这可以刺激企业通过银行债务开出更多的订单。因而，同采用其他引致更低的税盾效应的融资模式相比，银行借款对借款企业产生正向订货激励，企业因此选择激进的订货策略。

第三，研究了经销商通过向供应商申请延迟付款来实现内部融资。内部融资分为免费融资和收取利息两种模式，本书对利率成本进行细化讨论。供应链上双方企业存在信息不对称。供应商通过设计激励机制，优化配置销售收入，给予高类型经销商返利，实现甄别具有融资需求但类型不同的经销商的目的，以最终实现自身期望利润最大化的目标。对两种模式中供应商期望利润的比较分析后发现，免费融资模式优于收取利息的融资模式。因而，供应商应采取免费融资模式解决经销商的融资需求。本书分别对贸易信用和银行信用模式中的信息不对称问题进行分析，借助信息经济学中的信息甄别和信号传递模型建立有效的激励机制，促使借款申请企业真实反映自身类型，以降低贷款人风险。

# 第二章 不同融资模式中企业决策的文献综述

资金约束对企业运营决策的影响非常显著，解决资金约束的方法是融资，而融资模式选择、融资利率、融资风险等融资策略的决定因素与企业运营策略相互影响，催生运营与融资决策交叉研究方向。本章对运营与融资策略领域现有文献进行梳理，分析开展运营与融资策略研究的动因，详细讨论并归纳现有文献。主要研究内容为以下几类：融资模式与运营的联合决策、融资供应链协调、静态与动态分析、基于不完美假定分析。同时，指出现有研究不足，提出未来继续开展运营与融资策略研究的框架结构。

## 第一节 运营与融资决策研究的动因

企业进行日常运作管理并制定运营决策时，资金状况对运营决策的影响日益突出。资金不足直接导致企业无法顺利完成已制定的生产采购决策，进而影响企业的正常运营。相反，资金充裕的企业如果没有好的资金投向，将资金长期闲置，以目前相对很低的存款利率来衡量，给企业造成的机会成本也相当巨大。解决供应链上企业资金约束的方法是融资，于是出现了供应链金融理论，它将企业融资理论拓展至供应链管理领域，属于运营管理与金融理论的结合与创新。与供应链金融的概念相关的文献有(Camerinelli，2009；Gomm，2010；Hofmann，2005；Hofmann and Belin，2011；Pfohl and Gomm，2009；Hofmann，2005)。Mike 和 Tore(2004)系统阐述了存在资金约束的企业，可以通过贸易信用和银行信用理论，从几方面对两种融资模式做比较分析。因为利息代表资金的时间成本，所以资金需求方和提供方均会考虑融资利息，分别作为财务费用或收入纳入企业盈亏计算，即企业融资决策影响采购计划，进而影响企业库存状况。也就是说，企业融资决策与运营决策相互影响、相互作用，不是各自完全独立，因此企业管理者充分结合企业自有资金状况、融资能力等因素，展开运营和融资策略的联合制定，不再忽视两类策略对彼此的影响。Gaur 和 Seshadri(2005)，Caldentey 和 Haugh(2006)，Ding 等(2007)等文献都是以企业运营与融资的联合决策为关注点，其中 Ding 的研究将运营与供应链融资理论研究放置于全球供应链管理的情境中逐渐深入。

## 一、企业运营中的资金约束

经典报童模型(Whitin，1955)假定企业在资金充裕的前提下以利润最大化为目标，进行最优订货决策的制定。金融领域的研究大多将企业运营决策设定为外生，而管理领域的研究大多假定企业资金充裕，无须融资，正如 Modigliani 和 Miller(1958)认为，在非常理想和完美的假定下，运营和融资策略应相互独立进行。按传统的报童模型，如果经销商存在资金约束，则意味着缺乏有效的融资渠道，经销商即使知道最优订货点也没有资金实力执行。因此，陈祥锋(2011)谈到初始资金存量的重要性：当初始资金不小于传统报童模型计算出的最优订货量所需的全部资金，则此时的订货量就是报童模型下的最优订货量；当初始资金不足，则此时的订货量是按销售价格和初始资金量计算的结果，小于报童模型的最优订货量。认为供应链企业资金约束催生运营与供应链金融理论的文献还有：Klapper 等(2011)，Klapper 和 Randall(2011)。另有一部分观点将供应链金融的产生归因于交易的需要，如：Camerinelli(2009)，Chen 和 Hu(2011)，Lamoureux 和 Evans(2011)，Basu(2013)，Chen 和 Hu(2011)，Wuttke 等(2013b)，PWC(2009)等。

Buzacott 和 Zhang(2004)研究生产企业运营经理明确意识到企业资金短缺问题对企业运营状况及利润的影响，因此在进行策略优化时，开始将资金约束纳入利润最大化模型，以期找以更优化的运营决策。本书将企业面临的需求分为确定性和不确定性两种情境分别讨论，通过清晰的对比结果阐释市场需求的状态对“资产抵押质押融资”问题的影响；并调整企业优化的目标，将原报童模型中期望利润调整为企业绩效测度指标“第 T 期留存收益”。Caldentey 和 Haugh(2009)谈到，如果站在整体供应链的角度进行决策，那么企业除了资金约束，也不能忽视供应链企业间的其他影响因素，以及博弈的类型和先后顺序。Lai 等(2009)讨论了存在资金约束的供应商，其运营模式的选择问题，认为二级供应链上两个节点企业均有资金约束时，如果没有妥善的融资渠道便会影响供应链整体绩效。Raghavan 和 Mishra(2011)研究二级供应链节点企业均有融资约束时，对企业和供应链整体运营决策和绩效的影响，同时资金提供方与需求方均有资金约束的情境下的资金供给方决策也应全面权衡后再确定。Borade 和 Bansod(2010)，Dong 等(2007)，Klapper(2006)，Soufani(2002)等从实证角度讨论企业运营与供应链金融的相关研究。

## 二、银行等金融机构主动寻求业务拓展空间

以我国东部地区为例，华经国研网(2013)谈到东部地区的中小企业产业集聚特征非常明显，东部各地都在积极发展自己的支柱产业，从原材料加工到生产销售铸就了壮观的产业链发展模式。为了抢占优势明显的东部地区信贷市场份额，各大银行逐渐增加在东部地区的营业网点，因此该地区早已成为银行业竞争最为激烈的区域。成就尤其卓越的是广东、浙江、江苏、福建、山东等地，这几处的产业集群经济所占比例已达到区域工业产值的 50%以上。这些地区的产业不仅涉及零售、纺织、皮革、家电、五金等传统行业，而且已经逐渐进军信息工程、生物工程、新材料等高科技领域。东部地区的企业这种明显的发展特征以及包括品牌、创新能力、资源、经营模式等相对于其他地区的优势，强烈吸引着来自第三产业金融服务业的目光。因此，各大银行齐聚东部地区，并竭尽所能争取对东部重点企业以及中小企业的贷款项目。拿到这类地区的贷款项目，就意味着更高的资金安全性、更快的资金流动性，以及更持久的营利性。另外，银行也有风险控制的要求，避免将资金过于集中在大型企业，既是分散风险，也是拓展客户。众多银行中，深圳发展银行的供应链金融业务发展突出，受到业内同行的效仿，并且供应链金融业务也开始从线下向线上拓展，开启两种渠道同时发展中小企业银行信贷业务的模式。此外，像超市、卖场、便利店等流通类零售企业都是银行竞争的焦点。

## 三、鼓励中小企业贷款的扶持政策

表 2.1 列举了 2011 年以来政府出台的部分对中小企业贷款的扶持政策，

意在帮助中小企业顺利解决融资困难。

表 2.1　2011 年以来出台的中小企业贷款扶持政策

| 政　策 | 效　果 |
| --- | --- |
| 《私募债发行规则》 | 有利于从长远角度增加我国中小企业融资规模 |
| 金融 18 条 | 有助于改善我国中小型企业融资难的问题 |
| 新“国九条”财金政策 | 从金融、财税政策上对小微企业的发展给予支持 |

资料来源：前瞻产业研究院整理。

## 第二节　运营与供应链融资策略研究的主要内容

### 一、基于供应链内部融资模式的研究

供应商和经销商分别是供应链上下游节点企业，企业间的融资行为是内部融资。比如供应商对经销商提供的融资是贸易信用中的延迟支付；反之，经销商对供应商提供信用是预付款融资。资金提供方均通过目标优化的过程制定运营和融资策略。Zhou 和 Groenevelt(2008)讨论单方向的供应链内部的融资问题，由上游供应商为下游经销商提供贸易信用。Yang 和 Birge(2009)设计的贸易信用合同相对复杂，但以贸易信用融资为主线，将上下游企业涉及的融资和运营策略的决定考虑得较为全面。提出两阶段支付的贸易合同，即将货款偿付期分为两段区间：第一区间提前完成支付则经销商有价格折扣优惠，若按正常付款期，即在第二区间完成支付则经销商不享受价格折扣。陈祥锋(2012)仍以报童模型为基准，研究以延迟支付方式存在于供应链内部的贸易信用模型，分别讨论供应链节点企业供应商和经销商的最优决策问题，并对贸易信用下的供应链协调性进行分析。刚号(2013)以贸易信用为研究基础，在 Stackelberg 博弈的先后顺序有所转换的前提下，结合企业各自的风险偏好和效用度量，分别对供应商和经销商的决策进行分析。Gupta 和 Wang(2009)对传统贸易信用模型进行分析，并对比随机需求下的含有贸易信用的时间模型，认为设定某些条件的贸易信用模式中，贸易信用条款对零售商最优运营策略构成没有影响。经销商面临随机需求下离散时

间和连续时间模型，通过特别算法制定零售商最优库存策略。研究贸易信用的文献还有 Changet 等(2008)，Seifert 等(2013)，Soni 等(2010)。

## 二、基于供应链外部融资模式的研究

### (一)银行贷款、银行与供应商和经销商的三方博弈与协调、订单质押

企业直接寻求银行借款属于从供应链外部解决融资问题。需要融资的企业进行运营和融资方面的决策，同样银行等金融机构也要进行放款利率和放款额度等决策。Hu 和 Dada(2011)根据市场需求的随机性假定，同时使用指数分布和韦伯分布函数进行对比，直观地给出了两两参数关系在不同概率分布函数下的区别，说明需求分布的影响作用。

银行信用和贸易信用是解决供应链上企业资金需求的最典型融资模式，两种模式究竟如何取舍，需要通过具体的量化比较。Kouvelis 和 Zhao(2012)研究供应链上的供应商和经销商均有融资需求，企业存在资金闲置则进行投资获取投资收益，企业存在资金需求可通过两种融资模式解决。贸易信用结算中存在两种方式：经销商提前支付则享受价格折扣，经销商延迟支付则需要支付因为延迟导致的融资利息成本。只要有融资，企业就会面临破产风险。结论认为贸易信用优于银行信用，因为贸易信用不但提高了供应商利润，同时也使经销商和供应链绩效得到改善。钟远光(2011)探讨了零售商在无融资服务，核心制造商担保情况下的外部融资服务及供应链上游核心制造商提供商业信用的内部融资服务。如果银行参与供应链融资并与供应链上的节点企业进行三方博弈，则问题变得相对复杂。晏妮娜(2011)认为供应链金融系统中存在一个核心企业和其他中小融资企业。银行与核心企业博弈，就贷款额度、贷款利率、期限、抵押担保措施、回购条款、保证金等进行具体协商，如果该层次的博弈中核心企业是主导，那么还要进行次层级博弈。

订单融资是物流金融业务的具体表现，物流金融专注于供应链上以实际存货为基础的融资业务。订单融资是发生在实际存货出现前，厂商已经接到订单，但生产商备货之前发现资金不足以满足生产投入所需，于是用与未来实际存货对接的订单向金融机构融资。Fenmore(2004)、于辉(2013,2015)分别设计了先票后货融资下的生产商决策，以及订单融资转保理下的供应链金

融系统中，采用组合融资模式时，供应商和经销商的决策制定。

### （二）应收账款融资

应收账款是企业资产，可变现，尤其当应收账款的付款人是信誉良好的实力企业，应收账款的流动性会增强。Hu 等(2010)设计了一个动态的模型，进行运营和融资决策。将资金约束下的最优策略在分散和集中决策下做比较分析，认为无论企业的资本结构如何，或者是完全股权融资，或者是既有股权又有长期债权融资的结构，当物流与资金流实现协调时，企业的库存水平、短期融资以及股票市值都处于更高水平。

与上篇提及的文献逻辑思想相类似，Tanrisever 等(2012)设计了一个保理模型，其对企业通过应收账款融资的决策过程和分析更深刻，是开展保理研究的又一力作。该研究在订单式生产和库存式生产两种模式下分别讨论保理业务，其将订单式生产下的市场需求分为确定和不确定两类，分析过程中反向保理对企业绩效、降低成本等方面的优势，并将研究结论与传统对外融资下的运营决策进行比较分析；分析假定为单期，但结论认为模型也适用于多期。Lewellen 和 Edmister(1973)分析和评价了应收账款管理策略，但并未提及利用应收账款融资的问题。Mian 和 Smith(1994)对影响应收账款的决定因素进行详尽分析，但对企业究竟是选择出售还是保理的决定因素的分析并不令人信服。Smith 和 Schnucker(1994)认为如果企业几乎不对客户进行“专项投资”，并且监控成本很高，则企业更可能选择保理融资，此外当供应商、零售商均有应收账款，则零售商更倾向于选择保理融资。Sopranzetti(1998)设计最优保理合同，研究发现保理业务中是否有追索权的决定因素在于三点：应收账款质量、融资企业的偿债能力、融资企业信誉。Seifert(2010)，Wuttke 等(2013b)也讨论反向保理相关问题，鲁其辉(2012)设计了包含供应商和生产厂商的二级供应链，供应商拥有对厂商的应收账款的收益权，分别在无融资及通过应收账款融资时，开展运营和融资的联合决策。

企业利用应收账款融资，除了保理，还可以进行应收账款证券化。Palia 和 Sopranzetti(2004)，Tanrisever 等(2012)等，认为企业通过这类方式融资，将收款的负担转嫁给证券投资人或金融机构，而出资方为此可获得更多收益。通过证券化融资，企业将应收账款资产卖给 SPV(Special Pupose Vehicle，特设机构)，再由 SPV 根据手中持有的所有的应收账款进行重新组合，比如将同一期限到期的应收账款组合在一起，并以此新组合的应收账款为基础资产发行标准化证券融资。新组合内的应收账款可能不是同一家企业的应收账款。Gaur 和 Subrahmanyam(2011)研究金融创新对实体投资决策的影响。企业处在不完全市场经济体内。企业通过将应收账款有偿转让并做成标准化证券出售给证券投资人进行融资,在这种融资背景下企业进行随机需求下的库存决策。文章在有追索权的前提下导出证券化融资项目可实施的充要条件,探讨了这类衍生证券的结构及套利机会。

### (三)股权融资

企业还可通过发行股票直接融资,同时定期向股东支付股利。这也是金融领域一直以来研究的重点课题。Modigliani 和 Miller(1958)同时谈及两个领域,但并未真正深入涉及两个领域产生交互作用的具体内容,对交互作用的企业如何决策,找到最优决策后的效应等方面均未涉及。由于税负、信息不对称等因素的存在,管理领域的研究者越来越认识到,两个领域交叉影响的重要性,Miller 的经典结论也不再可靠。股权融资与企业价值密不可分(Christoper and Ryals,1999;Srivastava et al. ,1998;Johnson and Templar,2011)。Xu 和 Birge(2005)在静态分析中,以企业价值最大化为目标,分析缴纳企业所得税时的运营和融资决策,其中企业价值是股东现金流与债权人现金流之和。如果企业进行直接融资并纳税,那么以企业价值最大化为目标的运营和融资策略在单期和多期情境下差异明显。Xu 和 Birge(2005)继 2004 年在单期情境下建立股权和短期债务融资的决策模型后,2006 年在多期中建立融资企业的决策模型,引用经典股利现值模型作为衡量企业价值的依据。但即使单期和多期中对债权人和股东的现金流函数的度量方法相同,单期与多期策略仍有差异。此外,利用经典模型对股权融资进行绩效评估的文献还有 Hitt 等(2002),Swink 等(2010),Filbeck 等(2005),Hayes 等(2000),Hendricks 和 Singhal(2003,2005a,b,2009),Hendricks 等(2007,2009),McCarthy 和 Nayar(2010),Mitra 和 Singhal(2008a)等。

### (四)融资的其他热点模式

PPP 的英文全称是 Public Private Partnership,这种公私合营的合作融资模式多见于政府主导的基础设施建设项目。由于基建项目一般前期投入所需资金极为庞大,单靠地方政府财政的支持难免使政府遇到资金捉襟见肘的尴尬,于是引入民营资本,共同解决项目推进中的资金问题。Funke 等.

(2013)对 PPP 进行客观的分析,认为它是一种新的对政府有吸引力的融资方式,可以暂缓财政赤字,但也指出公私合营模式与完全政府出资的项目从长远看区别不大,最终仍然由政府承担大部分成本。赖丹馨和费方域(2010)对 PPP 融资做了有条理性的述评,追述了 PPP 概念的形成历程,以责任整合性、私人融资性两方面的合约特点分析了 PPP 的效率,从风险配置角度、合规设计和执行角度,进一步分析该种融资的效率。刘晓凯和张明(2015)阐述了这类公私合营融资模式的定义、分类、运作方式以及在全球应用实践中总结的经验和教训,分析了该种融资模式的优势和劣势,并给出了一定程度的意见和建议。董国姝和田中俊(2015)主要研究地方政府融资平台中的应收账款融资,具体分析了三种方式,结论认为 PPP 模式下形成的应收账款应该通过发行金融衍生证券,开展应收账款证券化融资,会具有更高的效率。

随着互联网技术的普及,以互网联为依托的互联网金融融资模式发展迅猛。尤其是最近两年,互联网金融在金融产品的渠道销售和购买以及技术上的创新方式,与传统金融模式既有联系又有自己的特点,王达(2014)全面剖析了互联网金融的概念。由于中国互联网金融的发展模式与美国的发展有诸多相似之处,因此有必要详细追述美国多年来的发展历程,对美国互联网金融的发展历程按几个重要事件为时间节点进行划分,比如互联网技术的兴起、2000 年高科技泡沫破灭、次贷危机,分析了各个时段该领域的研究进展,并提出了美国模式对中国的启示,进一步探讨我国与美国之间的差异,就金融脱媒、是否推高实体经济融资成本等问题阐述了观点。学者研究其他国家的互联网金融发展历程,最主要的目的还是为中国自身在此领域的发展寻求可借鉴之处。郑联盛(2014)认为,中国自身的互联网金融运行机制可分为:第三方支付、互联网信用业务、互联网虚拟货币、互联网金融异化业务、互联网金融的运行机制及其发展对中国金融体系的变革产生的重大影响。很多学者都站在中国自身角度分析这种新金融模式,曹凤岐(2015)主要谈及互联网金融对传统金融的挑战,认为互联网金融对传统金融存在几个"打破"、P2P 网贷平台打破了银行对传统金融业务中放款业务的绝对垄断地位,余额宝一类创新金融产品打破了银行对传统金融业务存款业务的绝对垄断地位,网络众筹模式突破了资本市场与货币市场的界限,将直接融资与间接融资渠道打通。继互联网金融井喷之后,移动互联网金融紧随其后,发展势头迅猛。李继尊(2015)专注于互联网金融在我国发展迅速的成因,认为互联网技术、电子商务兴起,传统金融对当前社会投融资需求的服务效率低下,以及对民间资本的监控力度不足、信息不对称等是促成其在我国快速发展的原因。虽然鼓励互联网金融积极发展的一面，但同时也对这种快速生长的新生事物存在“欲速则不达”的隐忧，即风险的问题。互联网金融在中国的推进过程中存在的风险，应视不同情境和不同程度有针对性地进行有效监管。就互联网金融的风险问题，曾建光(2015)专门对投资者对互联网的风险感知度，与相关产品定价之间的关系问题进行分析，认为投资者的网络风险感知度越高，要求的补偿也越高。

## 三、供应链协调

供应链实现协调可以消除分散决策下的双边际效应，使供应链整体绩效达到最优，这时要求分散决策下的订货量与集中决策下的订货量相等。通过设计并优化供应链契约的结构和参数可实现供应链协调。Cachon(2003)的著作第六章由浅入深、全面地讨论可实现供应链协调的契约，并对影响协调性的其他要素分别分析，包括需求信息的更新、企业努力程度(这是影响供应链协调的因素，可量化)、经销商数量、仓库数量、信息不对称等。Cachon 的著作被公认为供应链管理领域的经典。但是经典也需不断完善，因为假定企业没有资金约束，不涉及融资，所以本书将资金约束考虑进去，对前人成果加以研究。Chang 和 DukRhee(2010)在明确提及企业存在资金约束以及融资成本的前提下，设计几种可以实现供应链协调的契约，包括传统的收益共享契约、回购契约、数量折扣契约等。收益共享契约可实现无资金约束供应链系统协调，而通过合理设计收益共享契约参数同样可实现有外部融资的供应链协调。林强(2014)专门针对供应链金融中的保兑仓业务设计收益共享契约，在目标函数中加入融资方的违约概率，并以保兑仓模式下的供应链协调为目的设计收益共享契约的最优比例参数。企业运营过程涉及的融资模式如表 2.2 所示。

**表 2.2 企业运营过程涉及的融资模式**

| 融资分类 | 方案简介 | 涉及的营运环节 |
|---|---|---|
| 预付款融资(advance payment financing) | 提货权融资、商品提货权融资(与保兑仓设计相似) | 上游企业备货阶段，下游企业在收货之前先行支付货款或银行承兑汇票 |

续表

| 融资分类 | 方案简介 | 涉及的营运环节 |
| --- | --- | --- |
| 商品融资(commodity finance) | 商品合格证监管融资、商品质押监管融资、进口商品融资、动产池融资 | 从供应商处采购原材料以及产成品标的物,解决融资问题 |
| 应收账款融资(account receivable financing) | 保理和反向保理(反向保理由付款人为融资企业提供担保)、应收账款质押、应收账款资产证券化、应收账款资产池 | 供应商原材料销售验货后,厂商产成品销售验货后,分销商零售商销售验货后均可能形成应收账款,企业可在到期日之前做相关的融资操作 |
| 融资租赁(financial leasing) | 应收租金保理(分为有追索权应收租金保理与无追索权应收租金保理。无追索权应收租金保理分为:单保理和双保理)、应收租金信托理财、应收租金资产证券化 | 资产出租方将资产出租后,拥有对承租企业的应收租金权益,在应收租金到期前,出租企业让渡该类权益使用权或占有权满足融资需求 |
| 票据及信用证融资(documents, letter of credit) | 商票保贴、银票贴现、国内/国际 L/C(一般为不可撤销)、票据池、保理 | 企业履行合同义务发货后开出商业发票。发票是核心单据,以其为标的存在多种方式,可满足融资需求。备齐 L/C 全套单据后出口商即可向议付行议付 |
| 订单融资(order financing) | 保兑仓、厂商银、法人账户透支 | 执行原材料购销合同备料阶段、执行产成品购销合同备料阶段 |
| 终端消费融资(consumer finance) | 法人按揭、个人按揭,买方信贷,租赁融资 | 遇到资金约束时的终端消费者,可以是企业或个人 |
| 项目融资(project financing) | BOT(build-operate-transfer,建设—经营—转让、特许权);PPP(public-private partnership,政府和社会资本、合作);TOT(transfer-operate-transfer,移交—经营—移交);BOOT(build-own-operate-transfer,建设—拥有—运营—移交) | 与企业融资有关,但独立于单个企业的日常运营,以某个大型基建项目、资源开发等为起点。项目进行中参与项目的公司股东、金融机构以及政府均为该项目提供融资服务,采取公私合营方式 |

资料来源:根据现有文献整理

## 四、动态情境下的决策分析

流动性是资金的重要特质，即使企业拥有的资产，其评估价值很高，但若该资产流动性较低，无法套现，仍然无法表现出其应有的价值，因而将融资问题局限于单周期并非普遍做法，在动态的情境中考察企业资金流量以及融资策略更符合实际。Xiuli Chao 等(2011)构建了存在资金约束的零售商在多期环境中的动态库存决策模型，目标是实现期末现金流最大化，认为经销商当期库存决策受到期初库存和期初资金的影响，资金不足无法进行融资时产生缺货损失，资金过剩则当期可进行投资获取金融投资收益。Gong(2014)与前一文献研究相似，但在构建多期动态库存模型时，认为有资金约束的零售商可获得短期融资并支付与贷款规模成正比的融资成本，而且该文献突破期初资金为负值并不会破产的假设，认为期初资金为负值的零售商通过破产重组可以继续运营。Li 等(2008)系统分析了有资金约束但无融资渠道，可短期融资、应收账款融资的零售商的多期动态库存决策。然而，以上文献均未涉及企业所得税等不完美市场条件因素。张媛媛和李建斌(2008)构建仓单融资背景下的库存决策，认为贷款价值比的高低，会影响企业的融资决策和库存决策。王文利和骆建文(2014)构建了通过贸易信用融资的经销商两阶段库存决策模型。于辉和马云麟(2015)分析了一种订单融资加保理的供应链金融业务的新融资模式，研究该组合融资模式下供应链上企业的库存和定价决策，以及对供应链企业的收益影响。

## 五、信息不对称

Janet(1987)认为贸易信用合同明确载明高利率是甄别买方违约风险的有效工具，Regina(2005)研究了信息不对称对债务定价和期限的影响，认为二级市场借款的平均瞬时反向点差与借款人当前银团借款利率点差正相关，与借款人当前银团借款期限负相关，并通过实证分析证明了信息不对称的影响是提高债务资本成本，降低债务期限。Gale(1985)认为信息不对称下最优激励相容债务契约是标准债务契约，次优水平投资效益绝不会超过最优投资水平。石树琴(2003)研究了存在着信息不对称的小微企业向商业银行贷款过程中产生的逆向选择和道德风险问题。将信号传递和信息甄别模型应用于小微企业的贷款需求市场，以降低逆向选择和道德风险的负面影响。Deakins、Hussain(1994)和 Hofmann(2005)讨论应对信息不对称的方法。

# 第三节　融资引致效应分析

## 一、融资风险

### (一)融资风险控制

银行以资金安全性作为贷款业务的基础，要求融资企业提供贷款抵押担保品并达到银行要求的额度才能为企业争取到资金额度。担保物可以与所融资项目无关，也可以相关。Pozzolo(2004)认为与贷款投资项目相关是内部担保物。Coco(2000)提出了一种标准信贷合约，但在具体实施风控措施前，要对贷款风险进行度量并一直监控，这需要制定正确的风控指标。Jokivuolle 和 Peura(2003)假定担保物价值与企业违约概率有相关关系，通过建立风险债务模型，对违约后资金提供方的期望损失进行评估。李毅学等(2011)针对银行授信企业的物流金融中的风险控制指标质押率进行分析，涉及季节性存货质押融资业务。在严格的风控指标和风控措施的监控下，一旦借款企业违约，银行有权处理提交的抵押品。但是抵押品的价格也不确定，因此银行面对企业违约后执行风控措施时，应找到抵押品变现的最佳卖点。Almgren 和 Chriss(2000)提出比如抵押品是股票，可以在变现时间外生变量的前提下将股票的变现作为违约后的决策，并对其进行优化。

### (二)破产

融资企业到期如果无法清偿所欠债务就会面临破产，破产清算会引发固定破产成本和可变破产成本。Xu 和 Birge(2005)首次在有融资的企业运营决策时，将破产成本考虑在内。但在其单期假定之下，认为企业资本结构含有股权融资和长期债券融资，并且允许通过短期债务融资解决资金约束。债务人含有破产成本的利率决策最终影响到融资企业的运营决策。Lai 等(2009)比较了供应链上企业的商业销售模式：预订货、寄售，同时将企业进行库存决策时的资金约束问题融入模型进行分析。Kouvelis 和 Zhao(2010)同样研究供应链上有融资约束的企业通过银行借款解决资金约束，进行最优库存决策。库存是批发价和全部财富(初始资金和抵押品)的函数。研究认为库存决策不当会让当期库存销售度现收入不足以偿还债务导致破产。破产相关成本有固定成本，与收入成比例的可变成本，抵押物贬值损失。结论认为这时的最优库存低于传统无融资的报童模型最优解，有破产风险时零售商财富越多则批发价越高，无破产风险时批发价保持不变或是零售商财富的减函数。Kouvelis 和 Zhao(2015)讨论了当供应链上下游企业均有融资需求时，供应链节点企业如何设计契约、调整契约参数，从而实现供应链协调的目标。同时，在契约设计中引入了破产成本使设计和决策更加优化。

## 二、企业所得税的税盾效应

已有大量实证类文献结论认为债务产生的税盾效用能够影响企业价值(Myers, 1984; Cornett and Travlos, 1989; Masulis, 1980; Asquith and Mullins, 1986; Masulis and Korwar, 1986; Mikkelson and Partch, 1986; Shah, 1994; Ross, 1977; Leland and Pyle, 1977; Engel and Maydew, 1999; Irvine and Rosenfeld, 2000; Nayar, 2005; Graham, 2000, 2001, 2006; Lemmon and Zender, 2001; Minton and Wruck, 2001; Almeida and Phillipon, 2005; Berket et al., 2006; Stefanescu, 2006)。关于债务融资和股权融资引致的税盾效应的问题，以下文献将两类融资的税盾效用进行比较分析：Myers(1984)，Bradley 等(1984)，Dammon 和 Senbet(1988)，Dotan 和 Ravid(1985)，MacKie-Mason(1990)，Dhaliwal 等(1992)，Graham(1996a)，Myers(1993)，Graham 和 Mills(2006)，Fama 和 French(2001)。

Xu 和 Birge(2005)明确论述融资对生产企业运营决策的影响，明确驳斥了 Modigliani 和 Miller(1958)认为运营和融资决策应分开进行、各自独立的观点。其研究认为完全竞争下的全股权融资企业的生产决策与其资本结构无关。以报童问题作为研究出发点，假定认为不存在摩擦的完美市场环境中，将企业优化目标调整为公司价值，这时的公司价值调整为应缴税金的股东现金流与债权人现金流之和，并将税负引入股东现金流函数，研究股权融资企业的最优生产决策。Miller(1977)指出个人所得税在企业运作管理中常被忽视，并讨论了企业融资决策和运营决策涉及企业所得税和个人所得税的详细问题。DeAngelo 和 Masulis(1980)设计的模型,是对 Miller 模型的改进。Miller 模型研究的是债务融资以及举债引致的债务税盾,其税盾效应的产生是因为税法规定企业融资成本作为财务费用允许在税前抵扣应纳税所得额,从而可以直接减少企业的应缴税金,对企业的发展起到强力的激励作用,但 Miller 的模型没有提及税法关于其他可抵扣项的内容,而所有可用于抵扣当期应纳税所得额的项目都可以起到税盾作用。除去举债以外的可抵扣项目统称为"非债务税盾",DeAngelo 和 Masulis (1980)的模型专注于"非债务税盾"的讨论。Dotan 和 Ravid(1985)同样是研究融资策略中税盾的作用,以及对生产企业运营策略的影响。文章设计的模型明确将税率作为决策变量,不再强调债务税盾对企业绩效的积极作用,而是突出投资减值准备作为"非债务税盾"的作用。其研究结论认为一个更强调发展、主张激进产量决策的企业应该较少采用举债方式融资,因为举债过高会使公司资本结构向债务倾斜,从而降低股权投资在企业资本结构中的比重,进而使企业可用于投资和再投资的资金减少,最终影响企业既定的激进产量决策。

Hsu 和 Zhu(2011)研究了关税和增值税等出口相关税费对国内生产并在国内外市场销售的跨国企业的影响,提出了针对开展这种经营的跨国企业面临的四种供应链结构,并分析了每种供应链结构所适用的商业环境。Huh (2013)研究通过转移定价的两种主要方法:成本加成和零售价折扣,实现企业集团整体利润优化。由于企业集团的生产和销售两部门分布在不同国家,因此考虑通过利用国家间税率差异进行合理的税收筹划,达到利润优化的目标。Xiao 等(2015)研究跨国企业的下属部门分布在不同国家、接受不同税率的情境中,跨国企业如何利用不同国家间的税率差异进行产能决策的优化,实现企业税后利润最大化。

# 第三章 贸易信用模式中的企业决策分析

贸易信用属于供应链金融中的内部融资，以商业交易为基础，没有中介金融机构参与。企业间或者通过直接的利息收支完成融资行为，或者出于优化税后利润的目的将利息成本隐含在批发价格当中，作为生产经营成本用于应纳税所得的全额抵扣。后一种模式也是这部分研究的内容。企业所得税，由企业依法应当向国家和地方税务部门缴纳，其计算方法并非按照企业计算会计利润的方法，而是由税务机关确认的按应纳税所得额和相关税种及税率计算和缴纳。由税务机关确认亏损的企业当期不产生应缴税金，而且如果符合税法相关规定，则当期亏损还可用于抵扣下一期盈利。考虑税负因素后，有融资的企业也会因为采取不同的融资模式，而对自身当期的应缴税金产生影响，而且不同的融资模式对供应链条上资金充裕的其他参与企业，也会产生不同的影响。本章在贸易信用融资模式前提下，考虑企业所得税的影响后，以企业期望利润最大化为目标函数，研究供应链上有融资需求的经销商和供应商的决策，分析显性利息和隐性利息定价模式对供应链上企业的作用，进一步提出了以上研究假设下的两阶段有融资的经销商的库存决策问题，并且进行供应链协调分析。第三章至第五章的研究都是基于信息对称的假定上展开的。

## 第一节 贸易信用下经销商的问题

本节研究作为融资方的经销商的决策过程。模型的建立以传统经典的报童模型为基准，取得销售收入，扣除与当期销售收入相关的成本后计算应纳税所得额及应缴税金，扣除企业所得税之后用税后利润偿还当期债务。如果不足偿还额度则破产；如果收入扣减全部成本、税费及债务后仍有剩余，则经销商实现盈利。

## 一、问题提出

延迟支付和预付账款都是贸易信用的具体形式，这里对预付账款暂时不做展开。通常，由于延迟支付中的商品定价只体现为单价，没有明显的融资利息，因此有时会认为延迟支付中的资金提供方并不收取利息。对于不收利息的延迟支付，可称作无息放账。无息放账中的资金需求方获益良多，这节研究供应链下游企业经销商在采购环节由于自有资金不足，而免费获得上游企业供应商的融资便利，可以用不足额的资金采购全部需要的商品货物，销售期末用实现的销售收入偿还贷款。贸易信用下的供应链上企业决策发生的顺序如图 3.1 所示。

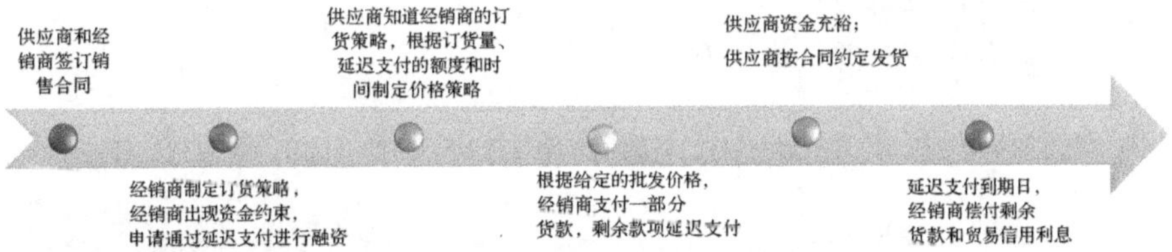


图 3.1　贸易信用下的企业决策发生的顺序

## 二、贸易信用下有税负模型的参数界定

### （一）模型参数

$c$—供应商生产成本；

$q$—有税负贸易信用的经销商的订货量；

$D$—市场需求；

$q_N$—无资金约束时经销商最优订货策略；

$q_T$—考虑税负时无资金约束下经销商的最优订货策略；

$q_{TT}$—有税负的贸易信用下经销商最优订货策略；

$w$—有税负贸易信用的供应商的批发价。

$p$—零售价(为便于计算,假定 $p=1$,并且 $p>w>c>0$);

$S$—随机需求下的期望销售量;

$y_R$—经销商的自有资金(初始资金);

$T_R$—经销商应缴税金;

$T_S$—供应商应缴税金;

$T_c$—企业所得税税率;

$\delta$—税法对关联企业贷款利率规定的上限,即同类金融贷款平均利率水平;

$\Delta$—隐性利息收付方式中商品单价中的加价幅度,加价后的新单价为 $w+\Delta$

$r_2$—关联企业贷款利率;

$r_f$—金融市场无风险收益率;

$\pi_R$—经销商利润;

$\pi_S$—供应商利润;

$\pi_c$—集中决策时的供应链利润。

## (二)考虑税负的贸易信用模式下企业决策主体/参数关系

具体如图 3.2 所示。

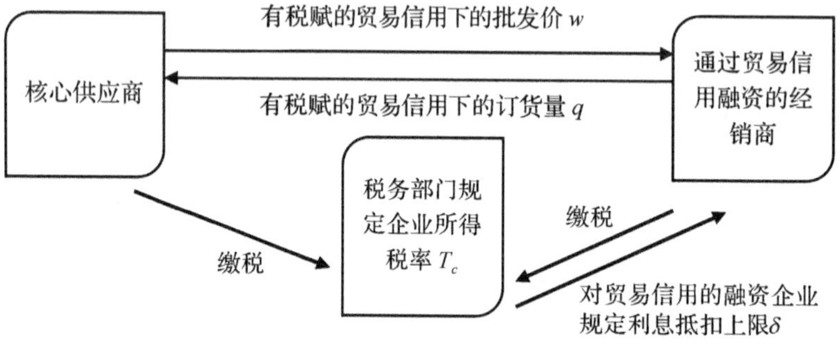


图 3.2 贸易信用下的企业决策主体/参数关系

## (三)模型假定

市场需求是随机的,需求分布函数 $F(D)$ 满足:具有连续概率分布密度 $f(D)$,$f(D)>0$;$\overline{F}(D)$ 为互补累积概率分布函数,$\overline{F}(D)=1-F(D)$;函数

$h(D)$是连续概率分布密度函数与互补累积概率分布函数的商，即 $h(D)=\frac{f(D)}{\overline{F}(D)}$。当 $D>0$，$h(D)$具有 IFR(increasing failure rate)递增失效率的性质。本章研究的商品为易腐品，商品的残值为零。供应商、经销商进行 Stackelberg 博弈，供应商是主导。

## 三、贸易信用下缴纳企业所得税的经销商的基本模型

### （一）传统无企业所得税无资金约束的报童模型

$$\pi_R = p\min(D,q) - wq;q_N = \overline{F}^{-1}\left(\frac{w}{p}\right)。$$

其中，$w$ 为供应商制定单位批发价格，$p$ 为商品市场销售单价，并且 $w<p$；$D$、$q$、$N$ 含义同前。

### （二）缴纳企业所得税的无资金约束的报童模型

在经典报童模型基础上，有税负的经销商期望利润函数为

$$\begin{aligned}\pi_R &= p\min(D,q) - wq - T_R \\ &= (p - pT_c + wT_c)\min(D,q) - wq\end{aligned}$$

其中无资金约束时的经销商的企业所得税为

$$T_R=[(p-w)\min(D,q)]T_c$$

**1. 考虑企业所得税的经销商的优化问题为**

$$\max_{q\geqslant 0} \pi_R = E[p\min(D,q) - wq - T_R]$$

$$\text{s.t. } 0 \leqslant wq \leqslant y_R$$

$$T_R = \max[(p-w)\min(D,q)\times T_c,0]$$

**2. 经销商订货的边际采购成本和最优订货量**

随机需求下的期望销售量为

$$\begin{aligned}S &= \int_0^{\frac{wq-y_R}{p}} xf(x)\mathrm{d}x + \int_{\frac{wq-y_R}{p}}^{q} xf(x)\mathrm{d}x + \int_q^{\infty} qf(x)\mathrm{d}x \\ &= q - \int_0^q F(x)\mathrm{d}x\end{aligned}$$

并且对订货量一阶求导，得到 $\frac{\partial \pi_R}{\partial q}=0$，即

$$\overline{F}(q)=\frac{w}{p-pT_c+wT_c} \tag{3.1}$$

则考虑所得税的无资金约束的最优订货量为

$$q_T=\overline{F}^{-1}\left(\frac{w}{p-pT_c+wT_c}\right)$$

并将其作为本章的基准解。因为$\overline{F}^{-1}(x)$是减函数，当 $w$ 固定时得到

$$\frac{w}{p-pT_c+wT_c}>\frac{w}{p}$$

即$q_T<q_N$，说明考虑税负后的最优订货量小于传统报童模型下的最优订货，对于没有融资需求的企业，引入税负是对订货的负向激励，增加订货的边际采购成本，3.1 式即考虑企业所得税的边际采购成本。因此与传统报童模型相比，订货量减少。

## （三）贸易信用下缴纳企业所得税的经销商订货模型求解

### 1. 通过贸易信用融资的经销商订货决策模型

这里讨论的是涉及企业经营管理最为普遍最重要的税种之一：企业所得税。企业缴纳所得税时，应明确应纳税所得额、税率及可抵扣的金额等影响应缴税金计算的几个关键因素。为了突出所研究的问题和计算方便，这里将实现的销售收入视作应纳税所得，企业所得税率用$T_c$表示，可抵扣的金额包括已销售商品的成本、因融资而产生的利息或财务费用。由于融资成本和财务费用已在税前抵扣，因此企业应纳税所得减少，这又降低了企业的应缴税金，所以这些因素可看作是起到避税作用的税盾。当订货量或者批发价等条件相同时，税盾效应的存在使企业有动力通过各种融资方式解决遇到的资金约束问题。实践和理论文献中经常提到的贸易信用，是存在企业与企业间的融资方式。上游供应商允许下游经销商延迟支付一部分货款，并将全部货物移交经销商，等到销售实现后再补交余款。此外，经销商也通过预付货款的方式为供应商提供融资便利。这里讨论延迟支付的贸易信用。

贸易信用中经销商利用供应商提供的延迟支付解决遇到的资金约束：融资的利息已经包含在批发价中不单独列出，因而此时不会直观体现税盾，但

由于含有延迟支付利息的批发价格高于不含利息的批发价，所以经销商的采购成本提高，因而税盾激励体现在增加的采购成本中。如果供应商和经销商双方协定采用无利息的贸易信用融资，同样适用这部分的研究。贸易信用下经销商利润为，

$$\pi_R = E\{[p\min(D,q)-(wq-y_R)]^+ - T_R - y_R\}$$

其中，$T_R=[(p-w)\min(D,q)]T_c$，则贸易信用下经销商的应缴税金为

$$\pi_R = p\int_{\frac{wq-y_R}{p}}^{q} x\,\mathrm{d}F(x) + pq\int_q^{\infty}\mathrm{d}F(x) - (wq-y_R)\int_{\frac{wq-y_R}{p}}^{\infty}\mathrm{d}F(x)$$
$$-(p-w)\min(D,q)\times T_c - y_R$$

**2. 贸易信用下经销商订货模型求解**

**定理 3.1**　贸易信用下的经销商利润具有极大值，且是订货量的凹函数。

求经销商利润函数关于订货量 $q$ 的一阶导数和二阶导数，用以证明所求解的存在性和唯一性。

根据一阶条件方程 $\dfrac{\partial\pi_R}{\partial q}=\overline{F}(q)-\dfrac{w}{p-(p-w)T_c}\times\overline{F}\left(\dfrac{wq-y_R}{p}\right)$，可知

$\pi_R$ 对 $q$ 的二阶导数为$\dfrac{\partial^2\pi_R}{\partial q^2}=-f(q)+\dfrac{w}{p-(p-w)T_c}\times f\left(\dfrac{wq-y_R}{p}\right)\times\dfrac{w}{p}$

$$\frac{\partial^2\pi_R}{\partial q^2} = -h(q_{TT})\overline{F}(q_{TT}) + \frac{w}{p-(p-w)T_c}$$
$$\times h\left(\frac{wq-y_R}{p}\right)\overline{F}\left(\frac{wq-y_R}{p}\right)\times\frac{w}{p}$$

又因为一阶条件给出最优解，并且需求量 $D$ 服从 IFR，所以 $h(q_{TT})>h\left(\dfrac{wq-y_R}{p}\right)$，因此

$$\frac{\partial^2\pi_R}{\partial q^2} = \left[-h(q_{TT})+h\left(\frac{wq-y_R}{p}\right)\frac{w}{p}\right]\times\overline{F}(q_{TT})<0$$

也就是说，经销商的利润函数是凹函数，有唯一解，即定理 3.1 证毕。

**3. 贸易信用下经销商订货模型解的性质**

**性质 3.1**　经销商存在资金约束初始资金为 $y_R$，通过贸易信用延迟支付一部分货款，并按照公司所得税率 $T_c$ 缴纳所得税，则最优订货量 $q_{TT}$ 随着税率 $T_c$、初始资金 $y_R$ 和批发价 $w$ 的增加而减少。

证明：由于需求是随机的，那么期望销售量可表达为

$$\min(D,q)=S\int_{0}^{\frac{wq-y_R}{p}}xf(x)\mathrm{d}x+\int_{\frac{wq-y_R}{p}}^{q}xf(x)\mathrm{d}x+\int_{q}^{\infty}qf(x)\mathrm{d}x$$

从经销商的利润函数中可知其前三项：

$$p\int_{\frac{wq-y_R}{p}}^{q}x\mathrm{d}F(x)+pq\int_{q}^{\infty}\mathrm{d}F(x)-(wq-y_R)\int_{\frac{wq-y_R}{p}}^{\infty}\mathrm{d}F(x)$$

$$=pq-wq+y_R-p\int_{\frac{wq-y_R}{p}}^{q}F(x)\mathrm{d}x$$

应缴税金的计算要以经销商实现的与销售收入相关的成本和费用为依据，确认应纳税所得额$(p-w)S$，以及确认包含融资利息等可以抵扣应纳税所得的费用项和亏损，但是贸易信用下的融资利息或是没有或是表现为隐性，所以除了成本之外这种情境下的经销商并无其他可抵扣项目，因此应缴税金为

$$T_R=[(p-w)\min(D,q)]T_c=(p-w)T_c\times S$$

于是，经过税务部门调整扣除应交税费后的经销商利润函数为

$$\pi_R(q)=pq-wq-p\int_{\frac{wq-y_R}{p}}^{q}F(x)\mathrm{d}x-(p-w)T_c\times\left(q-\int_{0}^{q}F(x)\mathrm{d}x\right)$$

对 $q$ 一阶求导后

$$\frac{\partial\pi_R}{\partial q}=p-w-p\left[F(q)-\frac{w}{p}\times F\left(\frac{wq-y_R}{p}\right)\right]$$
$$-(p-w)T_c\times\overline{F}(q)=0$$

化简得$[p-(p-w)T_c]\overline{F}(q)=w\overline{F}\left(\frac{wq-y_R}{p}\right)$，即

$$\overline{F}(q)=\frac{w}{p-pT_c+wT_c}\times\overline{F}\left(\frac{wq-y_R}{p}\right)\tag{3.2}$$

将一阶条件等式(3.2)的两边对 $w$ 求导，得到

$$\frac{\partial q}{\partial w}=\frac{\frac{p}{w}\times\frac{p-pT_c}{p-pT_c+wT_c}-qh\left(\frac{wq-y_R}{p}\right)}{-ph(q)+wh\left(\frac{wq-y_R}{p}\right)}$$

这说明，贸易信用模式下经销商的订货量是批发价格的减函数，与直觉相符，价格提高则采购成本增加，导致订货量减少。

然后需要判断证明$\frac{\partial q}{\partial w}$的符号，用以判定订货量关于批发价格的单调性。

反证法：假定$\frac{\partial q}{\partial w}>0$，所以$\frac{p-pT_c}{p-pT_c+wT_c}-qh(q)<0$。在此假定下

$qh(q)$ 和 $wq$ 都是关于 $w$ 的增函数，$\frac{\partial wq}{\partial w}>0$。令$w_0$ 满足$\frac{p-pT_c}{p-pT_c+wT_c}=qh(q)$。$w\in[c,p]$，需要分区间讨论 $wq$ 是 $w$ 的增函数的结论是否成立，于是：

当$w_0\geqslant p\geqslant w$ 时，有

$$q(w)h[q(w)]\leqslant q(p)h[q(p)]\leqslant q(w_0)h[q(w_0)]$$

$0\leqslant\frac{p-pT_c}{p-pT_c+wT_c}-q(w)h[q(w)]$，即$\frac{\partial wq}{\partial w}$的分子大于零，而$\frac{\partial wq}{\partial w}$的分母一定小于零，则

$$\frac{\partial wq}{\partial w}=\frac{p\times\left[\frac{p-pT_c}{p-pT_c+wT_c}-qh(q)\right]}{-ph(q)+wh\left(\frac{wq-y_R}{p}\right)}\leqslant 0$$

与假定条件 $wq$ 是 $w$ 的增函数矛盾。

当 $p\geqslant w_0\geqslant w\geqslant c$ 时，有

$q(c)h[q(c)]\leqslant q(w)h[q(w)]\leqslant q(w_0)h[q(w_0)]$，$\frac{\partial wq}{\partial w}\leqslant 0$，仍然与假定 $wq$ 是 $w$ 的增函数矛盾。

当$w_0=c$时，有$q(c)h\left[\frac{cq(c)-y_R}{p}\right]<q(c)h[q(c)]$，$\frac{\partial wq}{\partial w}<0$，仍然与假定矛盾。综上，反证法证明假定不成立，因此$\frac{\partial q}{\partial w}<0$。说明最优订货量是价格的反函数，这也是符合直觉的基本结论。

然后证明最优订货量 $q$ 与税率$T_c$ 的关系。

将式(3.2)两边对$T_c$ 求导得到

$$-f(q)\frac{\partial q}{\partial T_c}=\frac{w(p-w)}{[p-(p-w)T_c]^2}\times\overline{F}\left(\frac{wq-y_R}{p}\right)-\frac{w}{p-pT_c+wT_c}f(q)\frac{\partial q}{\partial T_c}$$

整理后，得到

$$\left(\frac{w}{p-pT_c+wT_c}-1\right)f(q)\frac{\partial q}{\partial T_c}=\frac{w(p-w)}{[p-(p-w)T_c]^2}\times\overline{F}\left(\frac{wq-y_R}{p}\right)$$

$$\frac{\partial q}{\partial T_c}=-\frac{\frac{w(p-w)}{[p-(p-w)T_c]^2}\times\overline{F}\left(\frac{wq-y_R}{p}\right)}{\left[\frac{(p-w)(1-T_c)}{p-pT_c+wT_c}\right]f(q)}<0$$

这说明贸易信用模式下经销商的最优订货量是税率的减函数。如果政府提高企业所得税率，则企业的纳税负担增加，即企业边际采购成本提高，在其他条件固定的前提下，税负增加导致企业当期利润减少，所以企业没有动力选择更高的订货量这种激进策略；反之，税率降低意味着企业纳税负担减少，边际采购成本降低激励企业采取激进的订货策略。

再证明最优订货量 $q$ 与初始资金 $y_R$ 的关系。将式(3.2)两边对 $y_R$ 求导，整理后得到

$$\frac{\partial q}{\partial y_R}=\frac{h\left(\frac{wq-y_R}{p}\right)}{wh\left(\frac{wq-y_R}{p}\right)-ph(q)}<0$$

这说明贸易信用模式下经销商最优订货量是企业自有资金的减函数。根据式(3.2)可知，企业的自有资金充裕程度影响其边际采购成本，自有资金越多，企业融资额度越少，从而由融资成本引发的税盾效应越低，导致此时边际采购成本相对越高。所以，自有资金越多的经销商通过贸易信用融资时的订货量越少。至此，性质 3.1 证毕。

结合之前结论(3.1)中 $\overline{F}(q)=\frac{w}{p-pT_c+wT_c}$ 进行比较，发现当 $w$ 固定时，一定有 $\frac{w\times\overline{F}\left(\frac{wq-y_R}{p}\right)}{p-pT_c+wT_c}<\frac{w}{p-pT_c+wT_c}$ 成立，所以 $\overline{F}(q_{TT})<\overline{F}(q_T)$ 成立，说明有税负时，贸易信用模型下经销商的边际成本小于无资金约束时的边际成本，即贸易信用激励经销商更多的订货 $q_{TT}>q_T$，这与前人的研究结论一致。再考察税负的影响，均是贸易信用模型时，将考虑税负和无税负两种情况进行对比，用刚刚推演的结果公式(3.2)与陈祥锋的结果 $\overline{F}(q_T^*)=\frac{w}{p}\times\overline{F}\left(\frac{wq-y_R}{p}\right)$ 比较，得到 $\overline{F}(q_{TT})>\overline{F}(q_T^*)$ 的结论，即考虑税负的贸易信用下经销商的边际成本高于不考虑税负的贸易信用下经销商的边际成本，因而同样是贸易信用的融资方式，有税负时的最优订货量小于无税负时最优订货量，该结论与实际相符。纳税意味着政府作为供应链上新增的参与人与经销商、供应商一起分享供应链上的渠道利润，使经销商每增加一单位订货量要支付更高的边际成本，付出更多代价，因而会抑制经销商更多的订货。进一步分析，由方程可知边际成本随着税率的增加而递增，因而最优订货量随着税率的增加而递减。

# 第二节　贸易信用下无资金约束供应商的问题

上节(第一节)研究上游供应商为下游经销商提供贸易信用的经销商的价格决策问题。这节中的供应商资金充裕，足以满足订单所需商品生产的全部资金，并且可为下游经销商提供融资，同时需要纳税。

## 一、缴纳企业所得税无资金约束的供应商价格决策模型

供应商是主导方，知道经销商的反应函数，因此目标利润中使用经销商的最优订货量。由于为下游经销商提供融资，允许其延迟支付部分货款，在收齐全部货款之前，供应商先将全部货物转移给经销商，并且货款的偿还只能用实现的销售收入，经销商没有再融资渠道，因此供应商与经销商共同承担市场需求不确定的风险，供应商的收入也具有不确定性。那么在这种背景下，供应商的期望利润函数为

$$\begin{aligned}\pi_S &= E\{\min[p\min(D,q_{TT}),(wq_{TT}-y_R)]+y_R-cq_{TT}-T_S\}\\&=E\{(w-c)q_{TT}+\min[\min(D,q_{TT}),(wq_{TT}-y_R)]\\&\quad-(wq_{TT}-y_R)-T_S\}\end{aligned}$$

其中，$T_S$为供应商的应缴税金。在计算应纳税所得额时，按税务部门调整方法计算的当期发生的销售相关成本比较特殊，用$c\dfrac{\min[p\min(D,q_{TT}),(wq_{TT}-y_R)]+y_R}{w}$来表示，即先根据供应商的期望收入$\{E\min[p\min(D,q_{TT}),(wq_{TT}-y_R)]\}+y_R$和供应商的商品销售价格，也就是批发价格$w$共同确定供应商的销货数量，而不是按照经销商的市场销售价格$p$来确认销售数量，再用生产成本$c$计算总成本，因此应缴税金为

$$\begin{aligned}T_S=E\{&[\min(p\min(D,q_{TT}),(wq_{TT}-y_R))]+y_R\\&-c\frac{[\min(p\min(D,q_{TT}),(wq_{TT}-y_R))+y_R]}{w}\}\times T_c\end{aligned}$$

所以，考虑所得税的贸易信用下供应商的优化问题为

$$\max_{0\leqslant w\leqslant p}\pi_S=E\{\min[p\min(D,q_{TT}),(wq_{TT}-y_R)]+y_R-cq_{TT}-T_S$$

$$\text{s. t. } 0 \leqslant w \leqslant p$$

$$T_S = \max\left(E\{[\min(p\min(D,q_{TT}),(wq_{TT}-y_R))]+y_R - c\frac{[\min(p\min(D,q_{TT}),(wq_{TT}-y_R))+y_R]}{w}\}\times T_c, 0\right)$$

供应商的利润函数变形为

$$\pi_S = p\int_0^{\frac{wq_{TT}-y_R}{p}} x\mathrm{d}F(x) + p\int_{\frac{wq_{TT}-y_R}{p}}^{\infty}\frac{(wq_{TT}-y_R)}{p}\mathrm{d}F(x) + y_R - cq_{TT} - T_S$$

$$= wq_{TT} - p\int_0^{\frac{wq_{TT}-y_R}{p}} F(x)\mathrm{d}x - cq_{TT} - T_S$$

其中,贸易信用下供应商的应缴税金为

$$T_S = \left\{\left[wq_{TT} - p\int_0^{\frac{wq_{TT}-y_R}{p}} F(x)\mathrm{d}x\right]\left(1-\frac{c}{w}\right)\right\}\times T_c$$

整理得到新的利润函数形式

$$\pi_S = wq_{TT} - p\int_0^{\frac{wq_{TT}-y_R}{p}} F(x)\mathrm{d}x - cq_{TT} - \left\{\left[wq_{TT} - p\int_0^{\frac{wq_{TT}-y_R}{p}} F(x)\mathrm{d}x\right]\left(1-\frac{c}{w}\right)\right\}\times T_c$$

将目前所得结论进行归纳如下:

$$\overline{F}(q_T) = \frac{w}{p - pT_c + wT_c}$$

$$\overline{F}(q_{TT}) = \frac{w\overline{F}\left(\frac{wq-y_R}{p}\right)}{p-(p-w)T_c}$$

$$\overline{F}(q_{CTT}) = \frac{wT_c\left(1-\frac{c}{w}\right)\overline{F}\left(\frac{wq-y_R}{p}\right)+c}{p-(p-w)T_c} \tag{3.3}$$

其中,集中决策时的最优订货量方程$\overline{F}(q_{CTT})$在本章最后一节详细阐述。

## 二、价格决策模型求解

### (一)供应商定价时的约束条件

这部分研究中的供应商定价策略，不仅来自对利润函数的优化，而且要受到贸易信用、所得税，甚至集中决策下整体供应链最优订货策略的约束。

首先，研究的前提在于经销商采购资金不足，存在资金缺口，需要通过一定的约束条件表示，因此供应商的定价需要满足约束$y_R \leqslant w q_{TT}$，贸易信用中的供应商应制定约束条件$y_R \leqslant w q_T$。综合分析，令$w_1$和$w_2$是方程$y_R = w q_T$的解，并且$w_1 \leqslant w \leqslant w_2$，然后观察到当 $w$ 位于$w_1$和$w_2$之间时约束条件不等式成立，所以$[w_1 \leqslant w \leqslant w_2]$就是最优批发价的取值区间。

其次，分散决策下供应商的优化目标还要受到集中决策时的供应链最优决策的约束。$y_R$较小的经销商倾向于采用激进的订货策略，但若订货超过集中决策下的最优订货量$q_{CTT}$，会对供应商及供应链的利润造成负面影响。所以，作为领导人的供应商会通过制定适当的价格策略来制约经销商的“激进订货”行为。这就需要确定贸易信用中有税负的集中决策时的供应链利润函数，根据供应链集中决策的结论得到集中决策下的最优订货量方程。因为分散决策的边际化效应使得分散决策下的最优订货量不会超过集中决策下的最优订货量，所以供应商的问题还需要满足约束$q_{TT} \leqslant q_{CTT}$，相当于站在经销商角度分散决策的边际成本高于集中决策的边际成本，所以该约束等价于条件$\overline{F}(q_{TT}) \geqslant \overline{F}(q_{CTT})$，又根据分散决策时经销商的最优订货量方程和集中决策时的最优订货量方程，则只要不等式$\dfrac{c}{p-(p-w)T_c} \geqslant \dfrac{c}{[w-T_c(w-c)]}$成立，则原$q_{TT} \leqslant q_{CTT}$成立。令$w_3$是方程 $w(1-2T_c)=p(1-T_c)-cT_c$的解，则 $w \geqslant w_3$时，受集中决策影响的约束条件$q_{TT} \leqslant q_{CTT}$自动成立。

综合上述分析结果，$w$ 只有位于$w_1$和$w_2$之间才能保证经销商因高采购成本和自有资金不足从而呈现资金约束状态，因此经销商此时产生融资需求，而如果$w_3$的取值在$w_1$的左侧，那么$w_1$和$w_2$之间的全部取值均满足 $w \geqslant w_3$要求，也就是满足订货量不超过集中决策订货量约束；如果$w_3$的取值在$w_2$的右侧，那么没有任何 $w$ 能够同时满足几个约束的要求，因此无解；如果$w_3$的取值在$w_1$和$w_2$之间，那么最优解的范围位于$w_3$和$w_2$之间。综上，贸易信用下的供应商的价格决策：$[\underline{w},\overline{w}]$，其中$\underline{w}=\max[w_1,w_3]$，$\overline{w}=w_2$，已知$w_1$和$w_2$是方程$y_R=wq_T$的解，$w_3$是$y_R=w\overline{F}^{-1}\left(\frac{c}{p}\right)-p\overline{F}^{-1}\left(T_c+\frac{c}{w}\right)$的解。

然后，由于这里的贸易信用模型引入了企业所得税的影响因素，如果税务部门调整认定应纳税所得为正，即满足条件$wq_{TT}>p\int_0^{\frac{wq_{TT}-y_R}{p}}F(x)\mathrm{d}x$，它保证考虑纳税的供应商在贸易信用模式下的期望利润为正数。否则，如果供应商发生亏损，并且税务部门调整认定企业也是亏损，则不用纳税。因为下列不等式组成立：

$$wq_{TT}\geqslant wq_T=w\overline{F}^{-1}\left[\frac{w}{p-(p-w)T_c}\right]\geqslant w\overline{F}^{-1}\left[\frac{p}{p-(p-c)T_c}\right]$$
$$\geqslant c\overline{F}^{-1}\left[\frac{p}{p-(p-c)T_c}\right]$$

如果$c\overline{F}^{-1}\left[\frac{p}{p-(p-c)T_c}\right]>p\int_0^{q_{TT}}F(x)\mathrm{d}x$能够成立，则原约束条件自动成立。先将不等式取到边界，得到方程

$$c\overline{F}^{-1}\left[\frac{p}{p-(p-c)T_c}\right]=p\int_0^{q_{TT}}F(x)\mathrm{d}x$$

然后对该方程求解并根据方程解划分取值区间，找到满足不等式的取值范围。将方程两边取反函数并进行移项处理，得到

$$I(w)=\frac{p}{p-(p-c)T_c}-\overline{F}\left[\frac{p}{c}\int_0^{q_{TT}(w)}F(x)\mathrm{d}x\right]$$

观察方程$I(w)$对$w$的单调性，$I(w)$对$w$的一阶导数是

$$f\left[\frac{p}{c}\int_0^{q_{TT}(w)}F(x)\mathrm{d}x\right]\times\frac{p}{c}F(q_{TT})\frac{\partial q_{TT}}{\partial w}$$

根据之前结论$\frac{\partial q}{\partial w}<0$，可知方程$I(w)$关于$w$单调递减。

当$q(w=\infty)=0$，方程第二部分$\overline{F}\left[\frac{p}{c}\int_0^{q}F(x)\mathrm{d}x\right]=1>\frac{p}{p-(p-c)T_c}$一定成立，所以此时方程小于零；

当$q(w=0)=\infty$，方程第二部分$\overline{F}\left[\frac{p}{c}\int_0^{q}F(x)\mathrm{d}x\right]=0<\frac{p}{p-(p-c)T_c}$一定成立，所以此时方程大于零。

整理上述分析结果得到，方程 $I(w)$ 确实满足零值定理，那么一定存在点 $w_4$ 使 $I(w_4)=0$ 成立。回看要实现约束 $c\overline{F}^{-1}\left[\frac{p}{p-(p-c)T_c}\right]>p\int_0^{q_{TT}}F(x)\mathrm{d}x$，等价于

$$I(w)=\frac{p}{p-(p-c)T_c}-\overline{F}\left[\frac{p}{c}\int_0^{q_{TT}(w)}F(x)\mathrm{d}x\right]<0$$

根据已有的分析结论，只有当 $w>w_4$ 时才能实现 $I(w)<0$，进而应纳税所得额为正的约束 $wq_{TT}>p\int_0^{\frac{wq_{TT}-y_R}{p}}F(x)\mathrm{d}x$ 自动成立。

根据前两个约束得到结论，贸易信用下的供应商的价格取值区间为$[\underline{w},\overline{w}]$，其中$\underline{w}=\max[w_1,w_3]$，$\overline{w}=w_2$，已知$w_1$和$w_2$是方程$y_R=wq_T$的解，$w_3$是方程$y_R=w\overline{F}^{-1}\left(\frac{c}{p}\right)-p\overline{F}^{-1}\left(T_c+\frac{c}{w}\right)$的解，变形为$w_3$是 $w(1-2T_c)=p(1-T_c)-cT_c$的解，$w_4$是方程 $\frac{p}{p-(p-c)T_c}=\overline{F}\left(\frac{p}{c}\int_0^{q_{TT}(w)}F(x)\mathrm{d}x\right)$ 的解。所以，结合第三个约束进一步调整价格决策。也就是说，最优解需要满足 $w>w_4$的条件，这意味着$w_4$右侧的全部取值范围与之前约束得到的可行域$[\underline{w},\overline{w}]$的交集，才是最优价格的最终取值范围，即$[\underline{\underline{w}},\overline{w}]$，其中$\underline{\underline{w}}=\max[\underline{w},w_4]$。至此，在考虑了各种约束条件后，划定了供应商最优批发价格的取值范围。再在已划定的取值范围之内，确定最优批发价格。

## （二）供应商价格决策模型求解

**命题 3.1**　如果需求的概率分布函数 $F(D)$ 服从 IFR，$w$ 的取值区间为$[\underline{\underline{w}},\overline{w}]$，供应商利润函数是单峰函数，供应商最优价格策略是$w^*=\min[\max(\hat{w},\underline{\underline{w}}),\overline{w}]$，其中$\hat{w}$是方程$\frac{p-pT_c}{p-pT_c+wT_c}=q_{TT}h(q_{TT})$的解。

证明：先求出不考虑所有约束时的供应商定价决策，然后结合全部约束条件寻找最优定价。贸易信用中的供应商利润函数为

$$\begin{aligned}\pi_S=&wq_{TT}-p\int_0^{\frac{wq_{TT}-y_R}{p}}F(x)\mathrm{d}x-cq_{TT}\\&-\left\{\left[wq_{TT}-p\int_0^{\frac{wq_{TT}-y_R}{p}}F(x)\mathrm{d}x\right]\left(1-\frac{c}{w}\right)\right\}\times T_c\end{aligned}$$

$$\frac{\partial\pi_S}{\partial w}=\overline{F}\left(\frac{wq_{TT}-y_R}{p}\right)\left(q+w\frac{\partial q}{\partial w}\right)-c\frac{\partial q}{\partial w}$$
$$-\left[\overline{F}\left(\frac{wq_{TT}-y_R}{p}\right)\left(q+w\frac{\partial q}{\partial w}\right)\right]\left(1-\frac{c}{w}\right)\times T_c$$
$$-\left[wq_{TT}-p\int_0^{\frac{wq_{TT}-y_R}{p}}F(x)\mathrm{d}x\right]\times\frac{c}{w^2}\times T_c$$

从引理的内容可知，$\overline{F}(q_{TT})\geqslant\overline{F}(q_{CTT})$，等价于：

$$\overline{F}\left(\frac{wq-y_R}{p}\right)-\left[T_c\left(1-\frac{c}{w}\right)\overline{F}\left(\frac{wq-y_R}{p}\right)+\frac{c}{w}\right]\geqslant 0$$

将 $\frac{\partial\pi_S}{\partial w}$ 变换形式得到

$$\frac{\partial\pi_S}{\partial w}=\left\{\overline{F}\left(\frac{wq_{TT}-y_R}{p}\right)-T_c\times\left(1-\frac{c}{w}\right)\overline{F}\left(\frac{wq_{TT}-y_R}{p}\right)\right\}\times q_{TT}$$
$$+\left\{\overline{F}\left(\frac{wq_{TT}-y_R}{p}\right)-\left[T_c\times\left(1-\frac{c}{w}\right)\overline{F}\left(\frac{wq_{TT}-y_R}{p}\right)+\frac{c}{w}\right]\right\}$$
$$w\frac{\partial q}{\partial w}-\left[wq_{TT}-p\int_0^{\frac{wq_{TT}-y_R}{p}}F(x)\mathrm{d}x\right]\times\frac{T_c}{w}\times\frac{c}{w}$$

其中应纳税所得部分$\left[wq_{TT}-p\int_0^{\frac{wq_{TT}-y_R}{p}}F(x)\mathrm{d}x\right]\times\frac{T_c}{w}\times\frac{c}{w}$可以改写成

$$\left[w-\frac{p\int_0^{\frac{wq_{TT}-y_R}{p}}F(x)\mathrm{d}x}{q_{TT}}\right]\frac{T_c}{w}\times\frac{c}{w}\times q_{TT}$$

并且需要进一步比较新形式的应缴税金与 1 之间的大小关系，将新形式的应纳税金代入$\frac{\partial\pi_S}{\partial w}$得到

$$\frac{\partial\pi_S}{\partial w}=\left[\overline{F}\left(\frac{wq_{TT}-y_R}{p}\right)-T_c\times\left(1-\frac{c}{w}\right)\overline{F}\left(\frac{wq_{TT}-y_R}{p}\right)\right]\times q_{TT}$$
$$-\left[w-\frac{p\int_0^{\frac{wq_{TT}-y_R}{p}}F(x)\mathrm{d}x}{q_{TT}}\right]\frac{T_c}{w}\times\frac{c}{w}\times q_{TT}+\left\{\overline{F}\left(\frac{wq_{TT}-y_R}{p}\right)\right.$$
$$\left.-\left[T_c\times\left(1-\frac{c}{w}\right)\overline{F}\left(\frac{wq_{TT}-y_R}{p}\right)+\frac{c}{w}\right]\right\}\times w\frac{\partial q}{\partial w}$$

如果$\left[w-\frac{p\int_0^{\frac{wq_{TT}-y_R}{p}}F(x)\mathrm{d}x}{q_{TT}}\right]\frac{T_c}{w}<1$，那么

$$\frac{\partial \pi_S}{\partial w} > \left\{\overline{F}\left(\frac{w q_{TT} - y_R}{p}\right) - \left[T_c \times \left(1 - \frac{c}{w}\right)\overline{F}\left(\frac{w q_{TT} - y_R}{p}\right) + \frac{c}{w}\right]\right\} \times \left[w \frac{\partial q}{\partial w} + q_{TT}\right]$$

因为引理已保证

$$\overline{F}\left(\frac{w q_{TT} - y_R}{p}\right) - \left[T_c \times \left(1 - \frac{c}{w}\right)\overline{F}\left(\frac{w q_{TT} - y_R}{p}\right) + \frac{c}{w}\right] > 0$$

并且也是根据引理的内容，应缴税金部分为

$$\left\{\left[w q_{TT} - p\int_0^{\frac{wq_{TT} - y_R}{p}} F(x)\mathrm{d}x\right]\left(1 - \frac{c}{w}\right)\right\} \times T_c > 0$$

所以$\frac{\partial \pi_S}{\partial w}$的符号取决于$w\frac{\partial q_{TT}}{\partial w} + q_{TT}$的符号。根据先前结果已知：

$$q + w\frac{\partial q}{\partial w} = \frac{p \times \left[\frac{p - pT_c}{p - pT_c + wT_c} - qh(q)\right]}{-ph(q) + wh\left(\frac{wq - y_R}{p}\right)}$$

所以，$w\frac{\partial q_{TT}}{\partial w} + q_{TT}$的符号又取决于其分子$\frac{p - pT_c}{p - pT_c + wT_c} - qh(q)$的符号。如果其分子大于零，则$\frac{\partial \pi_S}{\partial w} > 0$一定成立。

如果$\left[w - \frac{p\int_0^{\frac{wq_{TT} - y_R}{p}} F(x)\mathrm{d}x}{q_{TT}}\right]\frac{T_c}{w} > 1$，那么

$$\frac{\partial \pi_S}{\partial w} < \left\{\overline{F}\left(\frac{w q_{TT} - y_R}{p}\right) - \left[T_c \times \left(1 - \frac{c}{w}\right)\overline{F}\left[\frac{w q_{TT} - y_R}{p}\right] + \frac{c}{w}\right]\right\} \times \left(w \frac{\partial q}{\partial w} + q_{TT}\right)$$

根据之前分析，$\frac{\partial \pi_S}{\partial w}$的符号取决于$w\frac{\partial q}{\partial w} + q_{TT}$的符号。$w\frac{\partial q}{\partial w} + q_{TT}$的符号又取决于其分子$\frac{p - pT_c}{p - pT_c + wT_c} - q_{TT}h(q_{TT})$的符号。如果当$\frac{p - pT_c}{p - pT_c + wT_c} - q_{TT}h(q_{TT}) < 0$时，$\frac{\partial \pi_S}{\partial w} < 0$一定成立。

令$\hat{w}$是同时满足$\frac{p - pT_c}{p - pT_c + wT_c} - q\,h(q) = 0$和$\left[w - \frac{p\int_0^{\frac{wq_{TT} - y_R}{p}} F(x)\mathrm{d}x}{q_{TT}}\right] \times$

$\frac{T_c}{w}-1=0$的解。并对函数$\frac{p-pT_c}{p-pT_c+wT_c}-q_{TT}h(q_{TT})$求关于$q_{TT}$的导数，得到复合函数$\frac{p-pT_c}{p-pT_c+wT_c}-q_{TT}h(q_{TT})$是$q_{TT}$的减函数，再根据已有结论$\frac{\partial q}{\partial w}<0$，可以推出结论：复合函数$\frac{p-pT_c}{p-pT_c+wT_c}-q_{TT}h(q_{TT})$是$w$的增函数。又因为$q+w\frac{\partial q}{\partial w}$的分母$-ph(q)+wh\left(\frac{wq-y_R}{p}\right)$一定小于零，所以：

$w<\hat{w}$时，函数$q+w\frac{\partial q}{\partial w}>0$；$w>\hat{w}$时，函数$q+w\frac{\partial q}{\partial w}<0$。

再对函数$\left[w-\frac{p\int_0^{\frac{wq_{TT}-y_R}{p}}F(x)\mathrm{d}x}{q_{TT}}\right]\times\frac{T_c}{w}-1$求导判断其符号。结论与$q+w\frac{\partial q}{\partial w}$的结论刚好相反。综合这段的分析可知：

当$w<\hat{w}$时$q+w\frac{\partial q}{\partial w}>0$并且$\left[w-\frac{p\int_0^{\frac{wq_{TT}-y_R}{p}}F(x)\mathrm{d}x}{q_{TT}}\right]\times\frac{T_c}{w}<1$成立；

当$w>\hat{w}$时$q+w\frac{\partial q}{\partial w}<0$并且$\left[w-\frac{p\int_0^{\frac{wq_{TT}-y_R}{p}}F(x)\mathrm{d}x}{q_{TT}}\right]\times\frac{T_c}{w}>1$成立。

汇总上述全部分析得到$\frac{\partial \pi_S}{\partial w}$的判断结论：

当$\left[w-\frac{p\int_0^{\frac{wq_{TT}-y_R}{p}}F(x)\mathrm{d}x}{q_{TT}}\right]\times\frac{T_c}{w}<1$并且$\frac{p-pT_c}{p-pT_c+wT_c}<q_{TT}h(q_{TT})$成立，等价于$q+w\frac{\partial q}{\partial w}>0$，因此这时$\frac{\partial \pi_S}{\partial w}>0$一定成立，即供应商的利润$\pi_S$是价格$w$的增函数，即$w<\hat{w}$时，利润$\pi_S$随价格$w$的增加而递增；

当$\left[w-\frac{p\int_0^{\frac{wq_{TT}-y_R}{p}}F(x)\mathrm{d}x}{q_{TT}}\right]\times\frac{T_c}{w}>1$并且$\frac{p-pT_c}{p-pT_c+wT_c}>q_{TT}h(q_{TT})$成立，等价于$q+w\frac{\partial q}{\partial w}<0$，因此这时$\frac{\partial \pi_S}{\partial w}<0$一定成立，即供应商的利润$\pi_S$是价格$w$的减函数，即$w>\hat{w}$时利润$\pi_S$随价格$w$的增加而递减；

当 $\left[w-\dfrac{p\int_{0}^{\frac{wq_{TT}-y_R}{p}}F(x)\mathrm{d}x}{q_{TT}}\right]\times\dfrac{T_c}{w}=1$ 并且 $\dfrac{p-pT_c}{p-pT_c+wT_c}=q_{TT}h(q_{TT})$ 成立，等价于 $q+w\dfrac{\partial q}{\partial w}=0$，因此这时 $\dfrac{\partial\pi_S(\hat{w})}{\partial w}=0$，即供应商的利润在 $w=\hat{w}$ 处取得极大值。

## 第三节 隐性利息定价对经销商的影响

### 一、问题提出

延迟支付中的付款方是资金的需求方（也是模型中的经销商），获得资金提供方（模型中的供应商）的融资便利的同时需要以更高的采购价格购买所需的货物，表面上不需要支付利息，形式上属于无息放贷，这种企业间的借贷方式常被用来规避税法对利息支付抵扣的限定而给融资方企业带来的税负方面的损失。具体来讲，延迟支付使经销商获得一定的缓冲时间缓解流动性紧张，延迟付款到期后，经销商连本带利全部通过应付账款形式履行付款责任，经销商以货款形式支付给供应商的利息成本就可以作为采购成本全额抵扣应纳税所得；此外，供应商也不会因为收取了利息收入而多支付与之相关除企业所得税以外的其他税费。在贸易信用融资中，由于提供融资便利的上游供应商将融资的利息成本隐含在批发价中，所以无法直接体现企业所得税的作用。因而，所得税对于供应链上企业利润的各种影响，只能从经销商的采购成本对应纳税所得的抵扣中得以体现，可以通过提高批发价即加价的方式，更新经销商的期望利润模型。

### 二、隐含利息支付下的经销商决策模型

不收取利息的贸易信用的经销商利润为

$$\max_{q\geqslant 0}\pi_R(q)=\mathrm{E}\{[p\min(D,q)-(wq-y_R)]^+-T_R-y_R\}$$
$$\text{s.t. }0\leqslant y_R\leqslant wq$$

$$T_R = \max\left\{(p-w)\ T_c \times \left[q-\int_0^q F(x)\mathrm{d}x\right],0\right\}$$

当前建立的经销商期望利润模型，是以主导供应商制定的批发价 $w$ 为前提。

那么，在收取利息的贸易信用模式下，供应商通过加价方式将利息隐含在价格当中，收取货款时将贸易信用产生的本金和利息一并提取。当其他条件不变，加价必然引起经销商订货量的变动，假定供应商采用的加价方式是在原来定价的基础上上浮一定的数量单位，令 $\Delta$ 表示处于主导地位的核心供应商制定价格决策时的加价幅度，加价后的批发价调整为$(w+\Delta)$，如果加价后允许经销商更新一次订货策略，则经销商的利润模型变为，

$$\max_{q\geqslant 0} \pi_R(q) = \mathrm{E}\{[p\min(D,q)-((w+\Delta)q-y_R)]^+ - T_R - y_R\}$$

$$\text{s.t.}\ 0\leqslant y_R<(w+\Delta)q$$

$$T_R = \max\left\{[p-(w+\Delta)]\ T_c\times\left[q-\int_0^q F(x)\mathrm{d}x\right],0\right\}$$

**命题 3.2** 在收取利息的贸易信用模式下，经销商的最优订货量方程与不收利息时的订货量不同，最优订货量满足：$\overline{F}(q)=\dfrac{w+\Delta}{p-p\,T_c+(w+\Delta)T_c}\times \overline{F}\left(\dfrac{(w+\Delta)q-y_R}{p}\right)$。

证明：如果加价后，经销商的订货量允许做出相应调整，则有给定含有隐含利息批发价时的经销商的最优订货量为$q^\Delta$，以下分析都用 $q$ 代替$q^\Delta$。

$$\pi_R(q^\Delta) = pq-(w+\Delta)q-p\int_{\frac{(w+\Delta)q-y_R}{p}}^q F(x)\mathrm{d}x$$
$$-[p-(w+\Delta)]\ T_c\times\left[q-\int_0^q F(x)\mathrm{d}x\right]$$

那么，调整后新的最优订货量仍然通过一阶条件求得

$$\frac{\partial\pi_R}{\partial q^\Delta} = [p-(p-w-\Delta)\ T_c]\overline{F}(q)$$
$$-(w+\Delta)\left[\overline{F}\left(\frac{(w+\Delta)q-y_R}{p}\right)\right]=0$$

即以隐含方式收取利息通过加价后的经销商最优订货量由

$$\overline{F}^{-1}\left\{\frac{(w+\Delta)\ \overline{F}\left[\dfrac{(w+\Delta)\ q^\Delta-y_R}{p}\right]}{p-(p-w-\Delta)\ T_c}\right\}(q^\Delta)$$

$$= \frac{(w+\Delta)\,\overline{F}\left[\frac{(w+\Delta)\,q^{\Delta}-y_R}{p}\right]}{p-(p-w-\Delta)\,T_c} \tag{3.4}$$

再参照无利息最优订货量的求解过程，可知加价后经销商在$q^{\Delta}$处取极大值。上述等式表达了有隐含利息的贸易信用模式下的经销商的利润以及最优订货量的变化，为了更加明确说明隐含的利息成本即加价的幅度对经销商的影响，将经销商的订货量对加价幅度$\Delta$进行一阶求导。因为加价幅度$\Delta$也是单位批发价的组成，之前经销商的决策过程已经证明$\frac{\partial q}{\partial w}<0$，那么对于$w^{\Delta}=w+\Delta$，因为$q$是$w^{\Delta}$的减函数，又因为$w^{\Delta}$是$\Delta$的增函数，所以$q$是$\Delta$的减函数，即$\frac{\partial q}{\partial \Delta}<0$。命题 3.2 证毕。

补充说明：如果加价后不允许经销商更新原有的订货策略，则经销商利润函数变为

$$\pi_R(q) = pq - wq - p\int_{\frac{wq-y_R}{p}}^{q} F(x)\,\mathrm{d}x - \Delta q$$
$$-(p-w-\Delta q)\,T_c \times \left[q - \int_0^q F(x)\,\mathrm{d}x\right]$$

# 第四节　不同融资利息收付方式下的企业决策

## 一、有利息的贸易信用下经销商的最优订货量

供应链上企业之间，经常因为经营活动中出现的资金短缺问题而产生资金借贷关系。考虑税负后，这种由于资金借贷衍生出的融资成本和收益会影响企业的应缴税金，从而最终影响企业的税后利润最大化的目标。贸易信用下的各企业关系按《税法》规定应归属于关联企业。虽然借贷产生的融资成本利息费用可抵扣应纳税所得，但是按规定关联企业的可抵扣应纳税所得的利息支出不能超过同期同类金融机构贷款利率水平，这说明对关联企业的利息抵税规定了上限，对超过规定限额的利息支出仍然要征税。因此，关联企业间的债权类融资的税盾效用不能全部体现。但可以采用其他合同条件来

规避这种利息支出上限的规定。使用明确规定利率的方式，必然受到税法规定的限制；使用供应商加价的方式，在经销商订货量确定之后，按融资额度和融资期限将全部融资利息平均分摊到单位批发价，这样经销商就可以规避税法关于关联企业融资中利息抵扣上限的规定，将融资利息成本全额抵扣应纳税所得额，享受完整的税盾效应。

## （一）明确规定关联企业贷款中的融资利率——显性利息

### 1. 订货量已经确定后经销商的利润模型

此时，经销商在给定的批发价下确定订货量之后，由于原材料涨价，经销商采购货款不足，临时产生融资需求，这时的订货量仍为无融资有税负的报童模型下的最优订货，利息为贸易信用利率与该订货量的乘积，此时经销商的利润函数为

$$\pi_{R_\delta} = pq - p\int_0^q F(x)\mathrm{d}x - (wq - y_R)(1 + r_2) - y_R$$
$$- [(p - w)S - (wq - y_R) \times \min(r_2, \delta)]T_c$$

### 2. 订货量确定之前经销商的利润模型

根据经销商在有税负有借贷的前提下对订货量 $q$ 进行决策，经销商接受来自供应商的贸易信用后，按税法规定被视为关联企业贷款行为，关联企业贷款涉及的融资企业受到税法关于利息抵扣上限的制约。税法规定关联企业贷款中的贷款利率最高上限 $\delta$ 为同期同类金融机构贷款利率，超过的部分不能用于抵扣当期应纳税所得额，所以，明确规定了利率的贸易信用中的借款企业可能无法将贸易信用产生的利息全部抵扣应纳税所得额，因此不一定能全部享受税盾效应，此时借款企业经销商的利润函数为

$$\pi_R = [p\min(D, q) - (wq - y_R)(1 + r_2)]^+ - y_R - T_R$$
$$T_R = [(p - w)\min(D, q) - (wq - y_R) \times \min(r_2, \delta)]T_c$$

在 Stackelberg 博弈中，经销商利润函数中的批发价 $w$ 和借款利率 $r$ 都是给定的，经销商在有税负有借贷的前提下对订货量 $q$ 进行决策，并且因为接受了来自供应商的关联企业间贷款，所以对决策进行优化时需要将利息支出抵扣应纳税所得的上限规定考虑在内。$r_2$ 是关联企业上游供应商根据行业内贸易信用的平均水平给出的贷款利率，按照这部分的设定，有 $\delta < r_2$，因而可抵扣应纳税所得的利息支出部分为 $(wq - y_R)\delta$，不可抵扣的利息支出

部分为$(wq-y_R)(r_2-\delta)$，为此在有上限规定的情境下经销商需要多缴纳税负$(wq-y_R)(r_2-\delta)T_c$。

$$\pi_{R_\delta}=pq-(wq-y_R)(1+r_2)-p\int_{\frac{(wq-y_R)(1+r_2)}{p}}^{q}F(x)\mathrm{d}x-y_R$$
$$-[(p-w)S-(wq-y_R)\times\min(r_2,\delta)]T_c$$

根据一阶条件

令$\bar{A}=\dfrac{(wq-y_R)\times\min(r_2,\delta)}{p-w}$，于是$\dfrac{\partial\bar{A}}{\partial q}=\dfrac{w\times\min(r_2,\delta)}{p-w}>0$ $T_R=(p-w)\left[\int_{\bar{A}}^{q}(x-\bar{A})\mathrm{d}F(x)+\int_{q}^{\infty}(q-\bar{A})\mathrm{d}F(x)\right]T_c=(p-w)\left[q-\bar{A}-\int_{\bar{A}}^{q}F(x)\mathrm{d}x\right]T_c$

$$\pi_{R_\delta}=pq-(wq-y_R)(1+r_2)-p\int_{\frac{(wq-y_R)(1+r_2)}{p}}^{q}F(x)\mathrm{d}x-y_R$$
$$-(p-w)T_c\left[q-\bar{A}-\int_{\bar{A}}^{q}F(x)\mathrm{d}x\right]$$

$$\frac{\partial\pi_{R_\delta}}{\partial q}=[p-(p-w)T_c]\overline{F}(q)-w(1+r_2)\overline{F}\left[\frac{(wq-y_R)(1+r_2)}{p}\right]$$
$$+w\times T_c\min(r_2,\delta)\overline{F}(\bar{A})$$

$$\overline{F}(q_\delta)=\frac{w}{p-(p-w)T_c}\left[(1+r_2)\overline{F}\left(\frac{(wq-y_R)(1+r_2)}{p}\right)\right.$$
$$\left.-T_c\min(r_2,\delta)\overline{F}(\bar{A})\right]\qquad(3.5)$$

考虑关联企业贷款融资利率高于税法规定的上限，即$r_2>\delta$，于是$\min(r_2,\delta)=\delta$，再将方程$[p-(p-w)T_c]\overline{F}(q)-w(1+r_2)\overline{F}\left[\dfrac{(wq-y_R)(1+r_2)}{p}\right]+wT_c\delta\overline{F}(\bar{A})=0$两边对$\delta$求导，得到

$$\frac{\partial q_\delta}{\partial\delta}=\frac{wT_c\overline{F}(\bar{A})}{[p-(p-w)T_c]f(q_\delta)}>0$$

即税法对利息支付抵扣规定的上限越高，经销商的最优订货量就越多，上限越高意味着对关联企业借贷的限定越宽松，允许抵扣的额度就越多，也就是缴纳的税费就越少，这是对企业订货决策的正向激励。站在经销商的角度，希望税法对关联交易融资利息支付抵扣的上限越高越好，最好是取消，允许全部利息支出用于抵扣应纳税所得。通过分析无上限规定的情境，即可得出这种结论。

因为税法对关联企业贷款利息支付的抵扣做了限定，在分散决策下分别

站在经销商和供应商角度，对有限定和无限定的两种情境下的期望利润做出比较。通过之前的运算和比较发现，当对 $w$ 和其他参数固定后，不同的纳税规定在不同的融资模式下会对经销商的订货决策产生不一样的影响，进而影响经销商的期望利润，利润出现的差异又会反过来指导经销商依据不同的纳税规定选择不同的融资策略。关联企业贷款明确规定了利息形式的融资成本，会遭遇税法的抵扣限定，如果既能够满足关联企业间的融资需求，又可以规避税法对利息支付的约束，可以考虑将贷款的本金和利息一并采用延迟支付货款的融资模式操作。延迟支付也是供应链融资最为传统的模式之一，形式上表现为没有利息成本的货款本金的全部或者一部分由付款人延迟一段期限之后再偿付给收款人。由于税法对关联企业延迟支付的货款本金的全部或者一部分，并未做出明确的应纳税所得的抵扣限定，所以含有隐形利息成本的融资额采用延迟支付的融资方式，可以避免融资方企业由于税法的抵扣限定而产生的纳税损失。隐形利息，一般通过提高单价的方式体现。这里经销商的目标利润函数虽然仍然直观体现了融资成本利息费用的存在，但对应的合同已经是无利息的延迟支付合同。只不过，适用于这两种情境对比的前提是，融资方经销商采购时出现的融资需求是临时的，是在销售合同关于批发价和订货量已经事先确定的前提下，也就是 $w$ 和 $q$ 都已经固定时展开的本部分的比较过程。

## （二）通过加价方式实现利息收支——隐性利息

### 1. 订货量确定后

必须指出，如果供应链上供应商和经销商双方在优化各自决策之前，已经将税负在不同融资模式下对各自利润的影响加以考虑，那么博弈后出现的均衡解 $w$ 和 $q$ 不能等同于销售合同条款已经确定后出现的融资需求的情境。求均衡解之前，将税负在不同融资模式下对利润的影响引入各自利润函数后，利润函数模型一定会有所变化，因而不能用来直接进行两种情境下的利润比较，以筛选哪种融资策略更好。所以，仍然考虑 $w$ 和 $q$ 都已经在销售合同中固定之后，经销商才发现自有资金不足以支付全部订货货款，于是申请将部分货款延迟支付，进行贸易信用融资。供应链双方协议将利息支付费用改为贸易信用延迟支付后，关联企业贷款利率仍为 $r_2$，经销商通过供应商提供的延迟支付的贸易信用可以获得融资额度 $(wq-y_R)$，并支付利息总额 $(wq-y_R)r_2$，该利息总额均摊到每单位订货之后，形成单价加价并定义确定订货量之后的加价幅度为$\dot{\Delta}$，即$\dot{\Delta}=\frac{(w\dot{q}-y_R)r_2}{q}$，于是订货量确定后隐性利息支付方式时的经销商的利润为

$$\pi_{R_{r_2}}(\dot{\Delta}) = pq-(wq-y_R)-\dot{\Delta}q-p\int_0^q F(x)\mathrm{d}x-y_R$$
$$-[(p-w)S-\dot{\Delta}q]T_c$$

由于订货量敲定之后，双方协议通过加价方式支付利息，则可以规避税法的抵扣限定，在计算应纳税所得额时将利息全部作为财务费用进行抵扣。需要明确，此情境中的$\dot{q}$是在经销商并不知道自身存在资金约束时敲定的订货量，所以最优订货量$\dot{q}$的决策过程为，

$$\pi_{R_{r_2}} = p\min(D,q)-wq-[(p-w)\min(D,q)]T_c$$

而且与考虑税负的无资金约束的传统报童模型的最优订货量一致，即$\overline{F}(\dot{q})=\frac{w}{p-pT_c+wT_c}$，所以

$$\dot{q}=q_T=\overline{F}^{-1}\left(\frac{w}{p-pT_c+wT_c}\right)$$

**2. 订货量确定前**

如果经销商在敲定订货量之前，已经知道自身存在资金约束，希望供应商提供贸易信用，关联企业贷款利率仍为$r_2$，经销商通过供应商提供的延迟支付的贸易信用获得融资额度$(wq-y_R)$，并支付利息总额$(wq-y_R)r_2$，这时给定供应商的批发价格及加价幅度$\dot{\Delta}$，经销商的期望利润函数调整为

$$\pi_{R_{\dot{\Delta}}} = pq-(w+\dot{\Delta})q-p\int_{\frac{(w+\dot{\Delta})q-y_R}{p}}^q F(x)\mathrm{d}x$$
$$-[p-(w+\dot{\Delta})]\left[q-\int_0^q F(x)\mathrm{d}x\right]\times T_c$$

此情境中，经销商根据给定的加价后的单价和其他参数进行目标利润的优化，进而找到最优订货决策，决策过程如下：

$$\frac{\partial\pi_{R_{\dot{\Delta}}}}{\partial q} = \{p-[p-(w+\dot{\Delta})]T_c\}\times\overline{F}(q)$$
$$-(w+\dot{\Delta})\overline{F}\left[\frac{(w+\dot{\Delta})q-y_R}{p}\right]=0$$

此时，经销商订货的边际采购成本为

$$\overline{F}(\dot{q})=\frac{(w+\dot{\Delta})}{p-pT_c+wT_c+\dot{\Delta}T_c}\overline{F}\left[\frac{(w+\dot{\Delta})q-y_R}{p}\right]$$

## 二、收取贸易信用利息时供应商的问题

以上对经销商的两种情境的对比，均是以供应商的价格决策固定为前提。然而，供应商是 Stackelberg 博弈中的领导者，分散决策的前提下根据观察到的经销商利润函数进行批发价格和贷款利率的最优决策，以实现利润最大化。那么站在供应商角度考察上限规定对其利润的影响，可能得到与经销商不尽相同的结论。

### （一）明确规定关联企业贷款中的融资利率——显性利息

**1. 订货量确定前供应商的利润**

其函数为

$$\begin{aligned}\pi_S &= E\{\min[p\min(D,q_{TT}),(wq_{TT}-y_R)(1+r_2)]+y_R-cq_{TT}-T_S\}\\ &= E\{(w-c)q_{TT}+\min[\min(D,q_{TT}),(wq_{TT}-y_R)(1+r_2)]\\ &\quad -(wq_{TT}-y_R)-T_S\}\end{aligned}$$

$$T_S=\left\{E[\min(p\min(D,q_{TT}),(wq_{TT}-y_R)(1+r_2))]+y_R\right.$$
$$\left.-c\frac{[\min(p\min(D,q_{TT}),(wq_{TT}-y_R)(1+r_2))+y_R]}{w}\right\}\times T_c$$

应缴税金代入后的利润为

$$\begin{aligned}\pi_S &= y_R+\min[p\min(D,q),(wq-y_R)(1+r_2)]-cq\\ &\quad -T_c\left(1-\frac{c}{w}\right)\{\min[p\min(D,q_{TT}),(wq_{TT}-y_R)(1+r_2)]+y_R\}\end{aligned}$$

$$\begin{aligned}\pi_S &= y_R+(wq-y_R)\times(1+r_2)-p\int_0^{\frac{(wq-y_R)(1+r_2)}{p}}F(x)\mathrm{d}x-cq\\ &\quad -T_c\left(1-\frac{c}{w}\right)\left[y_R+(wq-y_R)\times(1+r_2)-p\int_0^{\frac{(wq-y_R)(1+r_2)}{p}}F(x)\mathrm{d}x\right]\end{aligned}$$

或者将利润函数变形，得到

$$\pi_S=\left[1-T_c\left(1-\frac{c}{w}\right)\right]\left[y_R+(wq-y_R)\times(1+r_2)-p\int_0^{\frac{(wq-y_R)(1+r_2)}{p}}F(x)\mathrm{d}x\right]-cq$$

通过一阶求导可以找到供应商的最优定价，得到

$$\begin{aligned}\frac{\partial\pi_S}{\partial w}=&\left[1-T_c\left(1-\frac{c}{w}\right)\right]\left[(1+r_2)\overline{F}\left(\frac{(wq-y_R)(1+r_2)}{p}\right)\right]\times q\\&-\left[y_R+(wq-y_R)\times(1+r_2)-p\int_0^{\frac{(wq-y_R)(1+r_2)}{p}}F(x)\mathrm{d}x\right]\frac{c}{w^2}T_c\\&+\left[1-T_c\left(1-\frac{c}{w}\right)\right]\left[(1+r_2)\overline{F}\left(\frac{(wq-y_R)(1+r_2)}{p}\right)\right](w-c)\frac{\partial q}{\partial w}\\&=0\end{aligned}$$

满足 $\frac{\partial\pi_S}{\partial w}=0$ 的解，即此时供应商的最优定价决策。

**2. 订货量确定后供应商的利润**

订货量确定后，由原料涨价等突发原因导致采购价款增加，经销商临时出现了资金短缺，所以此时的订货量应为经销商资金充裕时的最优订货量，核心供应商直接按照已经确定的订货量对应的货款计算发生的贸易信用利息，利息为$(wq-y_R)r_2$，并且按照投资收益缴纳企业所得税，而且供应商的利润函数在提供贸易信用之前已经确定，不再做调整。

$$\pi_S=[wq_{TT}-cq_{TT}+(wq_{TT}-y_R)r_2]\times(1-T_c)$$

## （二）加价方式实现利息收支——隐性利息

**1. 订货量确定前加价**

其函数为

$$\pi_S=E\{\min[p\min(D,\dot{q});((w+\dot{\Delta})\dot{q}-y_R)]+y_R-c\dot{q}-T_S\}$$

$$T_S=E\{\min[p\min(D,\dot{q});((w+\dot{\Delta})\dot{q}-y_R)]+y_R-c\frac{\min[p\min(D,\dot{q});((w+\dot{\Delta})\dot{q}-y_R)]+y_R}{w+\dot{\Delta}}\}\times T_c$$

于是，

$$\pi_S = \min\{p\min(D,\dot{q});[(w+\dot{\Delta})\dot{q}-y_R]\}+y_R-c\dot{q}$$
$$-\frac{E\min\{p\min(D,\dot{q});[(w+\dot{\Delta})\dot{q}-y_R]\}+y_R}{w+\dot{\Delta}}\times\left(1-\frac{c}{w+\dot{\Delta}}\right)\times T_c$$

$$\pi_S = (w+\dot{\Delta})\dot{q}-p\int_0^{\frac{(w+\dot{\Delta})\dot{q}-y_R}{p}}F(x)\mathrm{d}x-c\dot{q}$$
$$-\left\{\left[(w+\dot{\Delta})\dot{q}-p\int_0^{\frac{(w+\dot{\Delta})\dot{q}-y_R}{p}}F(x)\mathrm{d}x\right]\times\left(1-\frac{c}{w+\dot{\Delta}}\right)\right\}\times T_c$$

$$\frac{\partial\pi_S}{\partial w}=\left[\overline{F}\left(\frac{(w+\dot{\Delta})\dot{q}-y_R}{p}\right)\left(\dot{q}+(w+\dot{\Delta})\frac{\partial\dot{q}}{\partial w}\right)\right]$$
$$\times\left[1-\left(1-\frac{c}{w+\dot{\Delta}}\right)\times T_c\right]-c\frac{\partial\dot{q}}{\partial w}-\left[(w+\dot{\Delta})\dot{q}\right.$$
$$\left.-p\int_0^{\frac{(w+\dot{\Delta})\dot{q}-y_R}{p}}F(x)\mathrm{d}x\right]\times\frac{c}{(w+\dot{\Delta})^2}\times T_c$$

其中应纳税所得部分可以改写成 $\left[w+\dot{\Delta}-\frac{p\int_0^{\frac{(w+\dot{\Delta})\dot{q}-y_R}{p}}F(x)\mathrm{d}x}{\dot{q}}\right]\frac{T_c}{w+\dot{\Delta}}\times\frac{c}{w+\dot{\Delta}}\times\dot{q}$。

因为由贸易信用的价格决策过程可知

$$\overline{F}(q_T)=\frac{w}{p-pT_c+wT_c}$$

$$\overline{F}(q_{TT})=\frac{w\overline{F}\left(\frac{wq-y_R}{p}\right)}{p-(p-w)T_c}$$

$$\overline{F}(q_{CTT})=\frac{wT_c\left(1-\frac{c}{w}\right)\overline{F}\left(\frac{wq-y_R}{p}\right)+c}{p-(p-w)T_c}$$

并从引理的内容可知，$\overline{F}(q_{TT})\geqslant\overline{F}(q_{CTT})$，等价于

$$\overline{F}\left(\frac{wq-y_R}{p}\right)\geqslant T_c\left(1-\frac{c}{w}\right)\overline{F}\left(\frac{wq-y_R}{p}\right)+\frac{c}{w}$$

那么

$\overline{F}\left(\frac{(w+\dot{\Delta})\dot{q}-y_R}{p}\right)\geqslant T_c\left(1-\frac{c}{w+\dot{\Delta}}\right)\overline{F}\left(\frac{(w+\dot{\Delta})\dot{q}-y_R}{p}\right)+\frac{c}{w+\dot{\Delta}}$ 也成立。

于是：

如果 $\left[w+\dot{\Delta}-\frac{p\int_0^{\frac{(w+\dot{\Delta})\dot{q}-y_R}{p}}F(x)\mathrm{d}x}{\dot{q}}\right]\frac{T_c}{w+\dot{\Delta}}<1$，那么，

$$\frac{\partial\pi_S}{\partial w}>\left\{\overline{F}\left(\frac{(w+\dot{\Delta})\dot{q}-y_R}{p}\right)-\left[T_c\times\left(1-\frac{c}{w+\dot{\Delta}}\right)\overline{F}\left(\frac{(w+\dot{\Delta})\dot{q}-y_R}{p}\right)+\frac{c}{w+\dot{\Delta}}\right]\right\}\times\left[(w+\dot{\Delta})\frac{\partial\dot{q}}{\partial w}+\dot{q}\right]$$

与订货量确定之后再加价的求证过程同样道理：$(w+\dot{\Delta})\frac{\partial\dot{q}}{\partial w}+\dot{q}$ 的分子 $\frac{p-pT_c}{p-pT_c+(w+\dot{\Delta})T_c}-\dot{q}h(\dot{q})$ 的符号决定了 $(w+\dot{\Delta})\frac{\partial\dot{q}}{\partial w}+\dot{q}$ 的符号。如果函数 $\frac{p-pT_c}{p-pT_c+(w+\dot{\Delta})T_c}-\dot{q}h(\dot{q})<0$ 并且 $\left[w+\dot{\Delta}-\frac{p\int_0^{\frac{(w+\dot{\Delta})\dot{q}-y_R}{p}}F(x)\mathrm{d}x}{\dot{q}}\right]\times\frac{T_c}{w+\dot{\Delta}}<1$ 时，$\frac{\partial\pi_S}{\partial w}>0$ 一定成立，即可以判定供应商利润 $\pi_S$ 是价格 $w$ 的增函数。

如果 $\left[w+\dot{\Delta}-\frac{p\int_0^{\frac{(w+\dot{\Delta})\dot{q}-y_R}{p}}F(x)\mathrm{d}x}{\dot{q}}\right]\frac{T_c}{w+\dot{\Delta}}>1$，那么，

$$\frac{\partial\pi_S}{\partial w}<\left\{\overline{F}\left(\frac{(w+\dot{\Delta})\dot{q}-y_R}{p}\right)-\left[T_c\times\left(1-\frac{c}{w+\dot{\Delta}}\right)\overline{F}\left(\frac{(w+\dot{\Delta})\dot{q}-y_R}{p}\right)+\frac{c}{w+\dot{\Delta}}\right]\right\}\times\left[(w+\dot{\Delta})\frac{\partial\dot{q}}{\partial w}+\dot{q}\right]$$

同理 $(w+\dot{\Delta})\frac{\partial\dot{q}}{\partial w}+\dot{q}$ 的分子 $\frac{p-pT_c}{p-pT_c+(w+\dot{\Delta})T_c}-\dot{q}h(\dot{q})$ 的符号决定了自身的符号。如果当 $\frac{p-pT_c}{p-pT_c+(w+\dot{\Delta})T_c}-\dot{q}h(\dot{q})<0$ 时，$\frac{\partial\pi_S}{\partial w}<0$ 一定成立，即可以判定供应商利润 $\pi_S$ 是价格 $w$ 的减函数。

已知$\frac{\partial q}{\partial w}<0$，令$\dot{w}$能够同时满足方程

$$\frac{p-pT_c}{p-pT_c+(w+\dot{\Delta})T_c}-\dot{q}h(\dot{q})=0$$

和

$$\left[w+\dot{\Delta}-\frac{p\int_0^{\frac{(w+\dot{\Delta})\dot{q}-y_R}{p}}F(x)\mathrm{d}x}{\dot{q}}\right]\frac{T_c}{w+\dot{\Delta}}-1=0$$

复合函数$\frac{p-pT_c}{p-pT_c+(w+\dot{\Delta})T_c}-\dot{q}h(\dot{q})$是$\dot{q}$的减函数，再根据已有结论$\frac{\partial q}{\partial w}<0$，可知$\dot{q}$是$w$的减函数。因此，可以推出结论复合函数$\frac{p-pT_c}{p-pT_c+(w+\dot{\Delta})T_c}-\dot{q}h(\dot{q})$是$w$的增函数。因此，复合函数$\frac{p-pT_c}{p-pT_c+(w+\dot{\Delta})T_c}-\dot{q}h(\dot{q})$是$w$的增函数，又因为$q+w\frac{\partial q}{\partial w}$的分母$-ph(q)+wh\left(\frac{wq-y_R}{p}\right)$一定小于零。所以，当$w<\dot{w}$时，函数$(w+\dot{\Delta})\frac{\partial \dot{q}}{\partial w}+\dot{q}>0$；当$w>\dot{w}$时，函数$(w+\dot{\Delta})\frac{\partial \dot{q}}{\partial w}+\dot{q}<0$。

再对函数$\left[w+\dot{\Delta}-\frac{p\int_0^{\frac{(w+\dot{\Delta})\dot{q}-y_R}{p}}F(x)\mathrm{d}x}{\dot{q}}\right]\frac{T_c}{w+\dot{\Delta}}-1$求关于$\dot{q}$的导数，得到$\overline{F}\left(\frac{(w+\dot{\Delta})\dot{q}-y_R}{p}\right)\times T_c-1<0$，再根据$\dot{q}$是$w$的减函数，可以推出结论：复合函数$\left[w+\dot{\Delta}-\frac{p\int_0^{\frac{(w+\dot{\Delta})\dot{q}-y_R}{p}}F(x)\mathrm{d}x}{\dot{q}}\right]\frac{T_c}{w+\dot{\Delta}}-1$与函数$(w+\dot{\Delta})\frac{\partial \dot{q}}{\partial w}+\dot{q}$刚好相反，是$w$的增函数。综合这段的分析可知：

当$w<\dot{w}$时，$(w+\dot{\Delta})\frac{\partial \dot{q}}{\partial w}+\dot{q}>0$并且$\left[w+\dot{\Delta}-\frac{p\int_0^{\frac{(w+\dot{\Delta})\dot{q}-y_R}{p}}F(x)\mathrm{d}x}{\dot{q}}\right]\frac{T_c}{w+\dot{\Delta}}<1$成立；

当$w>\dot{w}$时，$(w+\dot{\Delta})\frac{\partial \dot{q}}{\partial w}+\dot{q}<0$并且$\left[w+\dot{\Delta}-\frac{p\int_0^{\frac{(w+\dot{\Delta})\dot{q}-y_R}{p}}F(x)\mathrm{d}x}{\dot{q}}\right]\frac{T_c}{w+\dot{\Delta}}>$

1成立。

综合上述分析可知：

当 $\left[w+\dot{\Delta}-\dfrac{p\int_{0}^{\frac{(w+\dot{\Delta})\dot{q}-y_R}{p}}F(x)\mathrm{d}x}{\dot{q}}\right]\dfrac{T_c}{w+\dot{\Delta}}<1$ 并且 $\dfrac{p-pT_c}{p-pT_c+(w+\dot{\Delta})T_c}<\dot{q}h(\dot{q})$ 等价于 $(w+\dot{\Delta})\dfrac{\partial\dot{q}}{\partial w}+\dot{q}>0$，这时 $\dfrac{\partial\pi_S}{\partial w}>0$ 一定成立，即供应商的利润 $\pi_S$ 是价格 $w$ 的增函数，即 $w<\dot{w}$ 时利润 $\pi_S$ 随价格 $w$ 的增加而递增。

当 $\left[w+\dot{\Delta}-\dfrac{p\int_{0}^{\frac{(w+\dot{\Delta})\dot{q}-y_R}{p}}F(x)\mathrm{d}x}{\dot{q}}\right]\dfrac{T_c}{w+\dot{\Delta}}>1$ 并且 $\dfrac{p-pT_c}{p-pT_c+(w+\dot{\Delta})T_c}>\dot{q}h(\dot{q})$ 等价于 $(w+\dot{\Delta})\dfrac{\partial\dot{q}}{\partial w}+\dot{q}<0$，这时 $\dfrac{\partial\pi_S}{\partial w}<0$ 一定成立，即供应商的利润 $\pi_S$ 是价格 $w$ 的减函数，即 $w>\dot{w}$ 时利润 $\pi_S$ 随价格 $w$ 的增加而递减。

当 $\left(w+\dot{\Delta}-\dfrac{p\int_{0}^{\frac{(w+\dot{\Delta})\dot{q}-y_R}{p}}F(x)\mathrm{d}x}{\dot{q}}\right)\dfrac{T_c}{w+\dot{\Delta}}=1$ 并且 $\dfrac{p-pT_c}{p-pT_c+(w+\dot{\Delta})T_c}=\dot{q}h(\dot{q})$ 等价于 $(w+\dot{\Delta})\dfrac{\partial\dot{q}}{\partial w}+\dot{q}=0$，因此这时 $\dfrac{\partial\pi_S(\dot{w})}{\partial w}=0$，即供应商的利润在 $w=\dot{w}$ 处取得极大值。

**2. 订货量确定后加价**

根据之前对经销商的分析，这时的订货量就是经典报童模型中的最优订货，$\dot{q}=q_T$，所以此时供应商收取的利息总额为 $\dot{\Delta}\dot{q}$，因此供应商的利润为

$$\pi_S=(w\dot{q}-c\dot{q}+\dot{\Delta}\dot{q})\times(1-T_c)$$

## 第五节　不同利息收付方式的影响及其价值分析

贸易信用的利息，可以用明确规定利率的方式计算，也可以通过加价的方式隐含在批发价格当中，究竟采用哪种方式计息对企业更有利，需要分别比较两种利息支付方式下的企业利润，以此为供应链上的企业提供更有利的选择依据。

# 一、利息收付方式对经销商决策的影响及其价值分析

## （一）订货量确定之后

结合订货量确定后显性利息支付时的经销商利润函数：

$$\pi_{R_\delta} = pq - (wq - y_R)(1 + r_2) - p\int_0^q F(x)\mathrm{d}x - y_R$$
$$- [(p - w)S - (wq - y_R) \times \min(r_2, \delta)]T_c$$

结合订货量确定后隐性利息支付时的经销商利润函数：

$$\pi_{R_{\dot\Delta}} = pq - (wq - y_R) - \dot\Delta q - p\int_0^q F(x)\mathrm{d}x - y_R$$
$$- [(p - w)S - \dot\Delta q]T_c$$

**定理 3.2** 订货量确定之后出现的贸易信用中，当 $\delta < r_2$ 时，即利息抵扣上限低于贸易信用利率时，$\pi_{R_{r_2}} - \pi_{R_\delta} > 0$，隐性利息支付方式对经销商具有价值，经销商选择隐性利息支付对自己更有利。当 $\delta \geqslant r_2$ 时，利息抵扣上限高于贸易信用利率时，$\pi_{R_{r_2}} - \pi_{R_\delta} \leqslant 0$，隐性利息支付对经销商没有价值，经销商选择显性利息支付更有利，但这种情境不符合税收管理目标，不具有实践可操作性。

将隐性利息和显性利息时的经销商利润做差，$\pi_{R_{\dot\Delta}} - \pi_{R_\delta}$ 代表隐性利息方式对经销商的价值：

$$\pi_{R_{\dot\Delta}} - \pi_{R_\delta} = [\dot\Delta q - (wq - y_R) \times \min(r_2, \delta)] \times T_c$$

当 $\delta < r_2$ 时，$\pi_{R_{r_2}} > \pi_{R_\delta}$，即税法规定的利息抵扣上限小于贸易信用利率时，隐性利息支付方式可以使订货量确定后需要融资的经销商获得更高利润，因此隐性利息收付对贸易信用中的经销商更有利。

当 $\delta \geqslant r_2$ 时，$\pi_{R_{r_2}} \leqslant \pi_{R_\delta}$，即税法规定的利息抵扣上限大于贸易信用利率，显性利息支付方式可以使订货量确定后需要融资的经销商获得更高利润，因此显性利息收付方式对贸易信用中的经销商更有利，但这种情境仅用于理论探讨的对比，在实践中税务部门不会制定 $\delta$ 高于同期同类金融机构贷款利率的规定，因为这样规定抵扣上限对税务部门没有意义。

此时，两种利息收付方式是在经销商订货量确定之后产生的差异，所以

在两种利息收付方式下，经销商的订货采购成本相同，因此订货确定后利息收付的方式对经销商的订货没有影响。综上，定理 3.2 证毕。

## （二）订货量确定之前

再考察利息收付方式对经销商订货策略的影响。

订货决策之前加价实现利息收支——隐性利息的订货边际成本：

$$\overline{F}(\dot{q})=\frac{(w+\dot{\Delta})}{[p-(p-w)T_c]+\dot{\Delta}T_c}\overline{F}\left[\frac{(w+\dot{\Delta})\dot{q}-y_R}{p}\right]$$

明确规定关联企业贷款中的融资利率——显性利息的订货边际成本：

$$\overline{F}(q_\delta)=\frac{w}{p-(p-w)T_c}\left\{(1+r_2)\overline{F}\left[\frac{(wq_\delta-y_R)(1+r_2)}{p}\right]\right.$$
$$\left.-T_c\min(r_2,\delta)\overline{F}(\bar{A})\right\}$$

将两种利息支付方式下的边际采购成本做差，分两部分比较边际成本。

先比较$\frac{(w+\dot{\Delta})}{[p-(p-w)T_c]+\dot{\Delta}T_c}$与$\frac{w}{p-(p-w)T_c}$，通分后的分子为$\dot{\Delta}p(1-T_c)>0$，所以，$\frac{(w+\dot{\Delta})}{[p-(p-w)T_c]+\dot{\Delta}T_c}>\frac{w}{p-(p-w)T_c}$

再比较，$\overline{F}\left(\frac{(w+\dot{\Delta})\dot{q}-y_R}{p}\right)-\left[(1+r_2)\overline{F}\left(\frac{(wq_\delta-y_R)(1+r_2)}{p}\right)+T_c\min(r_2,\delta)\overline{F}(\bar{A})\right]$的大小，得到：

条件一：

$$(w+\dot{\Delta})\dot{q}-y_R<p\overline{F}^{-1}\left[\frac{p-(p-w)T_c}{w}\times\overline{F}(q_\delta)\right]$$

该条件中$(w+\dot{\Delta})\dot{q}-y_R$代表：隐性利息支付的贸易信用模式下的经销商的融资额度，该额度最终会影响经销商订货的多少。当隐性利息收付方式下经销商融资额度小于一定的关键值，则$\overline{F}(\dot{q})>\overline{F}(q_\delta)$成立，即此时隐性方式下的经销商边际采购成本更高，因此显性利息支付方式对经销商具有更高订货激励，经销商在显性利息支付方式下会有更多的订货。

条件二：

$$(w+\dot{\Delta})\dot{q}-y_R \geqslant p\,\overline{F}^{-1}\left[\frac{[p-(p-w)T_c]+\dot{\Delta}T_c}{(w+\dot{\Delta})}\times\overline{F}(q_\delta)\right]$$

该条件说明：当隐性利息收付方式下的经销商融资额度$(w+\dot{\Delta})\dot{q}-y_R$大于一定的关键值，则$\overline{F}(\dot{q})\leqslant\overline{F}(q_\delta)$成立，即此时显性方式下的经销商边际采购成本更高，因此隐性利息支付方式对经销商具有更高订货激励，经销商在隐性利息支付方式下会有更多的订货。

根据之前结论，显性利息收付下的利润为：

$$\begin{aligned}\pi_{R_\delta} &= p\overline{S}-(wq_\delta-y_R)(1+r_2)-y_R\\&\quad-[(p-w)\overline{S}-(wq_\delta-y_R)\times\min(r_2,\delta)]T_c\\&=[p-(p-w)T_c]\times\overline{S}-wq_\delta\\&\quad-(wq_\delta-y_R)[r_2-\min(r_2,\delta)\times T_c]\end{aligned}$$

此时的最优订货决策用$q_\delta$表示。

根据之前结论，隐性利息收付下的利润为：

$$\begin{aligned}\pi_{R_{\dot{\Delta}}} &= p\hat{S}-(w+\dot{\Delta})\dot{q}-[p-(w+\dot{\Delta})]\hat{S}\times T_c\\&=[p-(p-w)T_c]\times\hat{S}-w\dot{q}+\dot{\Delta}\hat{S}T_c-\dot{\Delta}\dot{q}\end{aligned}$$

此时的最优订货决策用$\dot{q}$表示，但是$\dot{q}$与$q_\delta$不一定相等。将两种利息收付方式下的利润做差，$\pi_{R_{\dot{\Delta}}}-\pi_{R_\delta}$是隐性利息支付方式对经销商的价值，于是

$$\begin{aligned}\pi_{R_{\dot{\Delta}}}-\pi_{R_\delta} &= [p-(p-w)T_c]\times(\hat{S}-\overline{S})-w(\dot{q}-q_\delta)\\&\quad+\dot{\Delta}\hat{S}T_c-(wq_\delta-y_R)\min(r_2,\delta)T_c\\&\quad-[\dot{\Delta}\dot{q}-(wq_\delta-y_R)r_2]\\&=\{[p-(p-w)T_c]\hat{S}-(w+\dot{\Delta})\dot{q}\}\\&\quad-\{[p-(p-w)T_c]\overline{S}-[(wq_\delta-y_R)(1+r_2)-y_R]\}\\&\quad+\dot{\Delta}\hat{S}T_c-(wq_\delta-y_R)\min(r_2,\delta)T_c\end{aligned}$$

因为根据企业纳税实践和税务部门现行的规定，关联企业贷款中的利息抵扣上限$\delta$一般低于关联企业贷款的实际利率，即$\delta<r_2$，因此以下讨论在此条件下展开。因为$\dot{\Delta}\hat{S}T_c$和$(wq_\delta-y_R)\min(r_2,\delta)T_c$分别代表两种利息支付方式下的税盾，用EBT$(\dot{q})$代表隐性利息支付方式下的税前利润，用EBT$(q_\delta)$代表显性利息支付方式下的税前利润，于是

$$\mathrm{EBT}(\dot{q})=\{p\hat{S}-w\dot{q}-\dot{\Delta}\dot{q}\}$$

$$\mathrm{EBT}(q_\delta)=\{p\overline{S}-wq_\delta-(wq_\delta-y_R)r_2\}$$

于是，隐性利息支付方式的价值可重新表示为

$$\pi_{R_{\dot{\Delta}}}-\pi_{R_\delta}=\mathrm{EBT}(\dot{q})-\mathrm{EBT}(q_\delta)-(p-w)T_c\times(\hat{S}-\overline{S})$$
$$+\dot{\Delta}\hat{S}T_c-(wq_\delta-y_R)\min(r_2,\delta)\times T_c$$

于是，隐性利息方式的价值可通过两种方式下的税盾和息税前利润的比较进行判定

当$\dot{\Delta}\hat{S}T_c>(wq_\delta-y_R)\min(r_2,\delta)T_c+(p-w)T_c\times[\hat{S}-\overline{S}]-[\mathrm{EBIT}(\dot{q})-\mathrm{EBIT}(q_\delta)]$时，说明隐性利息支付时经销商的税盾效应高于关键值，所以$\pi_{R_{\dot{\Delta}}}>\pi_{R_\delta}$成立，即此时隐性利息支付方式下的经销商利润高于显性利息支付方式下的利润，说明与相对融资成本相比，当税盾效应更强时，核心供应商采用隐性利息方式对经销商更有利。这里的关键值可理解为显性利息支付时的税盾扣除两种利息支付下的税前利润差额加纳税差额之后的余额。

当$\dot{\Delta}\hat{S}T_c\leqslant(wq_\delta-y_R)\min(r_2,\delta)T_c+(p-w)T_c\times(\hat{S}-\overline{S})-[\mathrm{EBIT}(\dot{q})-\mathrm{EBIT}(q_\delta)]$时，说明隐性利息支付时经销商的税盾效应没能超过关键值，则$\pi_{R_{\dot{\Delta}}}\leqslant\pi_{R_\delta}$成立，此时显性利息支付方式下的经销商利润高于隐性利息支付方式时的利润，核心供应商采用显性利息方式对经销商更有利。综合以上分析，得到定理3.3。

**定理3.3**　订货量确定之前，经销商通过贸易信用进行融资的情境中，如果隐性利息支付下的经销商融资额度高于一定的关键值，即$(w+\dot{\Delta})\dot{q}-y_R\geqslant p\overline{F}^{-1}\left[\frac{[p-(p-w)T_c]+\dot{\Delta}T_c}{(w+\dot{\Delta})}\times\overline{F}(q_\delta)\right]$，隐性利息支付下的经销商倾向于激进的订货策略；如果融资额度低于一定的关键值，即$(w+\dot{\Delta})\dot{q}-y_R<p\overline{F}^{-1}\left[\frac{p-(p-w)T_c}{w}\times\overline{F}(q_\delta)\right]$，则隐性利息支付下的经销商倾向于保守的订货策略。

经销商在隐性利息和显性利息的选择中，如果隐性利息支付下的税盾高于关键值，即$\dot{\Delta}\hat{S}T_c>(wq_\delta-y_R)\min(r_2,\delta)T_c+(p-w)T_c\times(\hat{S}-\overline{S})-[\mathrm{EBIT}(\dot{q})-\mathrm{EBIT}(q_\delta)]$时，则$\pi_{R_{\dot{\Delta}}}-\pi_{R_\delta}>0$，隐性利息支付方式具有价值，经销商选择隐性利息支付对自己更有利；当$\dot{\Delta}\hat{S}T_c\leqslant(wq_\delta-y_R)\min(r_2,\delta)T_c+(p-w)T_c$

$\times(\hat{S}-\overline{S})-[\mathrm{EBIT}(\dot{q})-\mathrm{EBIT}(q_{\delta})]$时，隐性利息支付方式下的税盾相对价值没能超过其相对融资成本，隐性利息支付方式没有价值，则 $\pi_{R_{\dot{\Delta}}}-\pi_{R_{\delta}}\leqslant 0$，因此经销商选择显性利息支付更有利。

**结论 3.1** 利息支付的方式分为隐性和显性两种，每种利息支付方式对经销商是否具有价值，不但与融资需求出现在订货量决策确定的前后时点有关，而且与每种利息支付方式为经销商带来的税盾效应、税法规定的抵扣限定相关。此外，经销商的融资额度影响其订货策略的风格。

## 二、不同利息收付方式对供应商的价值分析

### （一）订货量确定之前

根据已有结论，订货量确定之前隐性利息收取方式下供应商的利润函数为

$$\pi_{S\dot{\Delta}}=(w+\dot{\Delta})\,\dot{q}-p\int_{0}^{\frac{(w+\dot{\Delta})\dot{q}-y_R}{p}}F(x)\mathrm{d}x-c\,\dot{q}$$
$$-\left\{\left[(w+\dot{\Delta})\,\dot{q}-p\int_{0}^{\frac{(w+\dot{\Delta})\dot{q}-y_R}{p}}F(x)\mathrm{d}x\right]\times\left(1-\frac{c}{w+\dot{\Delta}}\right)\right\}T_c$$

订货量确定前显性利息收取方式下供应商的利润函数为

$$\pi_{Sr_2}=y_R+(w\,q_{\delta}-y_R)\times(1+r_2)-p\int_{0}^{\frac{(wq_{\delta}-y_R)(1+r_2)}{p}}F(x)\mathrm{d}x$$
$$-c\,q_{\delta}-\{y_R+(w\,q_{\delta}-y_R)\times(1+r_2)$$
$$-p\int_{0}^{\frac{(wq_{\delta}-y_R)(1+r_2)}{p}}F(x)\mathrm{d}x\}\times\left(1-\frac{c}{w}\right)T_c$$

为了观察哪种收取利息方式对供应商更有利，用$\pi_{S\dot{\Delta}}-\pi_{Sr_2}$ 表示隐性利息收取方式的价值。

如果隐性方式下的税前利润小于显性方式下的税前利润，那么隐性利息收取对供应商没有价值，选择显性利息方式使供应商获得更高利润，即满足条件：

$$[(w+\dot{\Delta})\,\dot{q}-y_R]-(w\,q_{\delta}-y_R)(1+r_2)<p\int_{0}^{\frac{(w+\dot{\Delta})\dot{q}-y_R}{p}}F(x)\mathrm{d}x-$$

$$p\int_{0}^{\frac{(wq_{\delta}-y_R)(1+r_2)}{p}}F(x)\mathrm{d}x+c(\dot{q}-q_{\delta})$$

用两种利息收付方式下的贷款额度的差额$[(w+\dot{\Delta})\dot{q}-y_R]-(wq_{\delta}-y_R)(1+r_2)$代表供应商在隐性利息支付下提供的相对融资额度，当该相对额度小于以下关键值时：

$$p\int_{0}^{\frac{(w+\dot{\Delta})\dot{q}-y_R}{p}}F(x)\mathrm{d}x-p\int_{0}^{\frac{(wq_{\delta}-y_R)(1+r_2)}{p}}F(x)\mathrm{d}x+c(\dot{q}-q_{\delta})$$

则$\pi_{S\dot{\Delta}}-\pi_{Sr_2}<0$，隐性利息方式只能使供应商获得相对较低的利润，没有价值，因此选择显性利息收取方式对供应商更有利。

相反，当相对融资额度高于关键值，$\pi_{S\dot{\Delta}}-\pi_{Sr_2}\geqslant 0$，则隐性利息收取方式对供应商具有价值，选择隐性方式收取利息的供应商可获得更高利润，对供应商更有利，因此可得定理3.4。

**定理3.4**　有利息的贸易信用中的供应商，可选择隐性利息和显性利息方式收取贸易信用利息，当相对融资额度高于关键值，则$\pi_{S\dot{\Delta}}-\pi_{Sr_2}\geqslant 0$，此时隐性利息方式具有价值，供应商选择隐性利息方式收取利息更有利；当相对融资额度低于关键值，则$\pi_{S\dot{\Delta}}-\pi_{Sr_2}<0$，隐性利息方式没有价值，供应商选择显性利息方式收取利息更有利。

### （二）订货量确定之后

根据之前结论得到订货已经确定后加价方式收取利息的供应商利润为

$$\pi_{S\dot{\Delta}}=(wq_{TT}-cq_{TT}+\dot{\Delta}q_{TT})\times(1-T_c)$$

订货已经确定后显性方式收取利息的供应商利润为

$$\pi_{Sr_2}=[wq_{TT}-cq_{TT}+(wq_{TT}-y_R)r_2]\times(1-T_c)$$

用$\pi_{S\dot{\Delta}}-\pi_{Sr_2}$表示订货确定以后隐性利息方式对供应商的价值，则在两种方式中订货量相等前提下，如果满足条件$\dot{\Delta}q_{TT}T_c=(wq_{TT}-y_R)r_2T_c$（该条件说明两种利息收取方式最终核算的贸易信用利息总额相等，即税盾效应相同，而这种设定符合实际情况），则$\pi_{S\dot{\Delta}}-\pi_{Sr_2}=0$成立，此时选择何种方式收取利息对供应商是无差异的。因此，可以得到定理3.5。

**定理3.5**　订货量确定以后供应商提供贸易信用，不论选择哪种方式收取利息，当利息总额一定的情况下，以显性方式和隐性方式收取利息对供应商是无差异的。

**结论 3.2** 利息支付的方式分为隐性和显性两种，每种利息支付方式对核心供应商是否具有价值，不但与融资需求出现在订货量决策确定的前后时点有关，而且与相对融资额度以及利息总额相关。

## 三、EBIT 与利息抵扣限定对税盾的影响

贸易信用下，供应商资金充裕并为经销商提供融资便利，结合税法关于利息抵扣的限定以及不同的利息支付方式，经销商在贸易信用下享受的税盾效应也不尽相同。

### （一）订货量确定之前贸易信用对经销商的税盾效应

本书所指的税盾是债务税盾，也是融资企业因融资成本和纳税而产生的利息抵税收益，用 EBIT 表示息前税前利润。

根据之前结论，隐性利息收付下的利润为

$$
\begin{aligned}
\pi_{R_{\dot{\Delta}}} &= \{p-[p-(w+\dot{\Delta})]T_c\}\times\hat{S}-(w+\dot{\Delta})\dot{q} \\
&= [p-(p-w)T_c]\times\hat{S}-w\dot{q}+\dot{\Delta}T_c\times\hat{S}-\dot{\Delta}\dot{q}
\end{aligned}
$$

隐性方式下的税盾为$\dot{\Delta}\hat{S}\times T_c$，此时的最优订货决策用$\dot{q}$表示。因为$[p-(w+\dot{\Delta})]T_c\geqslant 0$一定成立，所以此时的税后利润一定为非负，因此隐性方式下经销商不会受到税法抵扣限定和息税前利润高低的影响，能够享受全部税盾效应。

根据之前结论，显性利息收付下的利润为

$$
\begin{aligned}
\pi_{R_{\delta}} &= pq-p\int_{\frac{(wq-y_R)(1+r_2)}{p}}^{q}F(x)\mathrm{d}x-(wq-y_R)(1+r_2)-y_R \\
&\quad -[(p-w)S-(wq-y_R)\times\min(r_2,\delta)]T_c \\
&= [p-(p-w)T_c]\times\bar{S}-wq_{\delta} \\
&\quad -(wq_{\delta}-y_R)[r_2-\min(r_2,\delta)\times T_c]
\end{aligned}
$$

显性方式下的税盾为$(wq_{\delta}-y_R)\min(r_2,\delta)\times T_c$。

如果 EBIT$>(wq_{\delta}-y_R)\min(r_2,\delta)$并且$r_2>\delta$，则经销商无法将全部融资成本用于抵扣应纳税所得，按税法对关联企业贷款的规定最多只能抵扣$(wq_{\delta}-y_R)\times\delta\times T_c$，所以显性方式下的经销商只能享受一部分税盾效应，无法获得全部税盾优惠；

如果 EBIT$>(wq_{\delta}-y_R)\min(r_2,\delta)$并且$r_2\leqslant\delta$，则此时的税盾效应既不受税法抵扣限定的影响，也不会因为息税前利润过低而减弱，此时经销商可获得全部税盾效应$(wq_{\delta}-y_R)\times r_2\times T_c$；

如果 $0<$EBIT$\leqslant(wq_{\delta}-y_R)\min(r_2,\delta)$并且$r_2>\delta$，则此时经销商的税盾不但会因为税法的抵扣限定而减弱，而且会因为息税前利润过低而更弱，经销商实际享有的税盾效应比率为$\frac{\text{EBIT}}{(wq_{\delta}-y_R)r_2}<\frac{\text{EBIT}}{(wq_{\delta}-y_R)\delta}$。$\frac{\text{EBIT}}{(wq_{\delta}-y_R)\delta}$代表税法规定下的税盾效应比率，此时的税盾为 EBIT$\times T_c$。

如果 $0<$EBIT$\leqslant(wq_{\delta}-y_R)\min(r_2,\delta)$并且$r_2\leqslant\delta$，此时经销商的税盾不会受到税法抵扣限定的影响，但会因为息税前利润过低而减弱，经销商实际享有的税盾效应比率为$\frac{\text{EBIT}}{(wq_{\delta}-y_R)r_2}\geqslant\frac{\text{EBIT}}{(wq_{\delta}-y_R)\delta}$，此时的税盾为 EBIT$\times T_c$。虽然计算数值与第三种情况相同，但经销商获得的税盾效应比率高于税法规定下的税盾效应比率，所以此时的情况优于第三种情况。

如果 EBIT$<0$，当期息税前利润为零，经销商无须纳税，所以无论税法的利息抵扣限定$\delta$如何规定，税盾效应无从发挥。

## （二）订货量已经确定后贸易信用对经销商的税盾效应

结合订货量确定后隐性利息支付时的经销商利润函数 $\pi_{R_{\dot{\Delta}}}(\dot{\Delta})=pq-(wq-y_R)-\dot{\Delta}q-p\int_0^q F(x)\mathrm{d}x-y_R-[(p-w)S-\dot{\Delta}q]T_c$，则隐性利息方式下的税盾为$\dot{\Delta}q\times T_c$。

因为订货量确定以后，无论选用何种方式，经销商应支付的利息总额固定，所以$(wq-y_R)\times\min(r_2,\delta)\times T_c=\dot{\Delta}q\times T_c$，整理后得到隐性方式下的加价幅度$\dot{\Delta}$与显性方式下的利率 $\min(r_2,\delta)$之间的关系为：$\dot{\Delta}=\frac{(wq-y_R)}{q}\times\min(r_2,\delta)$。

隐性利息支付方式下，EBIT$=(p-w)S\geqslant0$ 一定成立，所以此时经销商既不受税法抵扣限定的影响，也不受息税前利润的影响，可获得全部税盾效应。

结合订货量确定后显性利息支付时的经销商利润函数 $\pi_{R_{\delta}}=pq-(wq-y_R)(1+r_2)-p\int_0^q F(x)\mathrm{d}x-y_R-[(p-w)S-(wq-y_R)\times$

$\min(r_2,\delta)]T_c$，则显性利息方式下的税盾为$(wq-y_R)\times\min(r_2,\delta)\times T_c$。

如果息税前利润大于融资成本并且$r_2>\delta$，则经销商无法将全部融资成本用于抵扣应纳税所得，按税法对于关联企业贷款的规定，经销商最多只能抵扣$(wq_\delta-y_R)\times\delta\times T_c$或$\dot{\Delta}q\times T_c$，所以显性方式下的经销商只能享受一部分税盾效应，无法获得全部税盾优惠。

如果税前利润大于融资成本并且$r_2\leqslant\delta$，则此时的税盾效应既不受税法抵扣限定的影响，也不会因为息税前利润过低而减弱，此时经销商可获得全部税盾效应$(wq_\delta-y_R)\times r_2\times T_c$或$\dot{\Delta}q\times T_c$。

如果$0<\text{EBIT}\leqslant(wq_\delta-y_R)\min(r_2,\delta)$并且$r_2>\delta$，则此时经销商的税盾不但会因为税法的抵扣限定而减弱，而且会因为息税前利润过低而更弱，此时的税盾为 $\text{EBIT}\times T_c$。

如果$0<\text{EBIT}\leqslant(wq_\delta-y_R)\min(r_2,\delta)$并且$r_2\leqslant\delta$，此时经销商的税盾不会受到税法抵扣限定的影响，但会因为息税前利润过低而减弱，此时的税盾为 $\text{EBIT}\times T_c$，经销商获得的税盾效应比率高于税法规定下的税盾效应比率，所以此时的情况优于第三种情况。

如果 $\text{EBIT}<0$，当期息税前利润为零，经销商无须纳税，所以无论税法的利息抵扣限定 $\delta$ 如何规定，税盾效应无从发挥。

## 第六节　贸易信用下的集中决策

### 一、集中决策时的供应链利润模型

根据之前分散决策下双方的利润模型，经销商的利润函数是

$$\pi_R=E\{[p\min(D,q)-(wq-y_R)]^+-y_R-T_R\}$$

供应商的利润是

$$\begin{aligned}\pi_S&=E\{\min[p\min(D,q_{TT}),(wq_{TT}-y_R)]+y_R-cq_{TT}-T_S\}\\&=E\{(w-c)q_{TT}+\min[\min(D,q_{TT}),(wq_{TT}-y_R)]\\&\quad-(wq_{TT}-y_R)-T_S\}\end{aligned}$$

集中决策下将双方企业利润加总，这里讨论的是供应链上双方企业均处于盈利状态，那么整体供应链整体利润为正，供应链整体利润函数为

$$\pi_R + \pi_S = p\min(D,q) - T_R - c\,q_{TT} - T_S$$

集中决策下的供应链整体利润是双方企业利润加总，因此从目标利润的角度来看，共有四种情境：供应链上双方企业均处于盈利状态；供应商盈利、经销商亏损；供应商亏损、经销商盈利；供应链上双方企业均处于亏损状态。后三种情境，处于亏损的企业在单周期环境中面临破产清算，破产清算包括破产成本的衡量和清算时发生的收入及相关税费，在多期环境中涉及如何进行结转和亏损的抵扣问题，而这些已超出这里研究的核心问题，因此这里的讨论并不包含破产清算过程的相关收益成本。那么，集中决策时的供应商利润模型为

$$\max_{q\geqslant 0}\pi_{CTT}(q) = p\min(D,q) - c\,q_{TT} - T_R - T_S$$

$$\text{s. t. } 0\leqslant w\leqslant p$$

$$T_C = T_R + T_S = \max\left[\left(1-\frac{c}{w}\right)p\,T_c\int_0^{\frac{wq-y_R}{p}} F(x)\,\mathrm{d}x, 0\right]$$

集中决策时的利润函数为

$$\pi_{CTT}(q) = (p-c)q(1-T_c) - p\int_0^q F(x)\,\mathrm{d}x(1-T_c)$$
$$-\,w\,T_c\int_0^q F(x)\,\mathrm{d}x + \left(1-\frac{c}{w}\right)p\,T_c\int_0^{\frac{wq-y_R}{p}} F(x)\,\mathrm{d}x$$

## 二、集中决策时的供应链订货决策

根据贸易信用分散决策下供应链上企业各自的优化过程：

$$\pi_R(q) = pq - (wq - y_R) - p\int_{\frac{wq-y_R}{p}}^q F(x)\,\mathrm{d}x - y_R$$
$$-\,(p-w)\,T_c \times \left[q - \int_0^q F(x)\,\mathrm{d}x\right]$$

$$\pi_S(w) = (w-c)q(1-T_c) - p\int_0^{\frac{wq-y_R}{p}} F(x)\,\mathrm{d}x$$
$$+\,p\int_0^{\frac{wq-y_R}{p}} F(x)\,\mathrm{d}x \times T_c - \left[\frac{cp}{w}\int_0^{\frac{wq-y_R}{p}} F(x)\,\mathrm{d}x\right]\times T_c$$

新形式的供应链整体收益就是分散决策下供应链双方企业利润加总：

$$\pi_R+\pi_S=(p-c)q(1-T_c)-p\int_0^q F(x)\mathrm{d}x(1-T_c)$$
$$-wT_c\int_0^q F(x)\mathrm{d}x+\left(1-\frac{c}{w}\right)pT_c\int_0^{\frac{wq-y_R}{p}}F(x)\mathrm{d}x$$

集中决策下的供应链利润函数为

$$\begin{aligned}\pi_{CTT}&=\pi_R+\pi_S\\&=(p-c)q(1-T_c)-p\int_0^q F(x)\mathrm{d}x(1-T_c)-wT_c\int_0^q F(x)\mathrm{d}x\\&\quad+\left(1-\frac{c}{w}\right)pT_c\int_0^{\frac{wq-y_R}{p}}F(x)\mathrm{d}x\end{aligned}$$

集中决策下对订货量进行一阶求导，得到

$$\begin{aligned}\frac{\partial\pi_{CTT}}{\partial q}&=(p-c)(1-T_c)-[p-(p-w)T_c]\\&\quad+[p-(p-w)T_c]\overline{F}(q)+(w-c)T_c\\&\quad-wT_c\left(1-\frac{c}{w}\right)\overline{F}\left(\frac{wq-y_R}{p}\right)\end{aligned}$$

整理上述等式中不包含概率分布函数的部分：

$$(p-c)(1-T_c)-[p-(p-w)T_c]+(w-c)T_c=-c$$

所以，整体供应链利润函数最优解的一阶条件为

$$\begin{aligned}\frac{\partial\pi_{CTT}}{\partial q}&=-c+[p-(p-w)T_c]\overline{F}(q)\\&\quad-wT_c\left(1-\frac{c}{w}\right)\overline{F}\left(\frac{wq-y_R}{p}\right)=0\end{aligned}$$

变形后得到

$$[p-(p-w)T_c]\overline{F}(q)=wT_c\left(1-\frac{c}{w}\right)\overline{F}\left(\frac{wq-y_R}{p}\right)+c$$

即等式

$$\overline{F}(q_{CTT})=\frac{wT_c\left(1-\frac{c}{w}\right)\overline{F}\left(\frac{wq-y_R}{p}\right)+c}{p-(p-w)T_c}\tag{3.7}$$

给出了集中决策下的最优订货量方程。

# 第七节　贸易信用模型的算例分析

## 一、经销商最优订货量与初始资金、批发价的关系

设定需求服从[0,200]上的均匀分布，$p=1$，$T_c=0.25$，$y_R=0.5$ 或 9 两种区别较大的情境，如图 3.3 所示，批发价与订货量反向变动，经销商初始资金越多，订货量越小。初始资金非常大接近零售价格的时候，订货量的下降速度非常快，说明税盾效用对初始资金较多的经销商正面影响很弱，远低于价格提高导致采购成本增加的负效应，所以 $w$ 接近 $p$ 时，$q$ 呈现快速下跌走势；而初始资金很小，即使批发价很高，订货量的下降仍保持平稳态势。

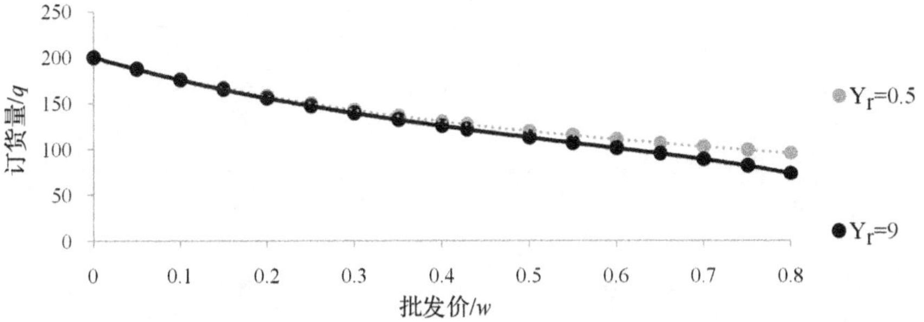


图 3.3　初始资金、批发价与订货量之间的关系

## 二、经销商最优订货量与税率、批发价的关系

如图 3.4 所示，当 $y_R=9$，$T_c=0.1,0.25,0.4$，将税率取到三种区别较大的情境，因为税率在现实中超过 0.4 的时候不会有企业继续从事生产经营，宁可倒闭也不会承担如此高额的赋税，所以最高税率的极端情况取到 0.4。批发价与订货量反向变动，税率越高，经销商订货量越小，在三种税率取值下，订货量随批发价下降的速度保持平稳，并未出现图 3.3 中的急跌现象。

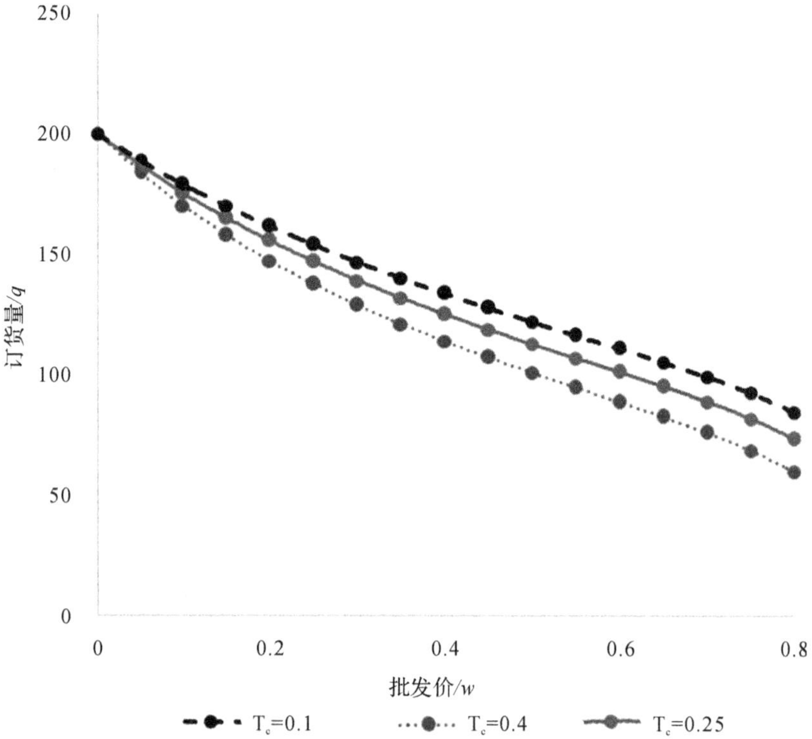


图 3.4　税率、批发价与订货量之间的关系

## 三、经销商利润与最优订货量、税率的关系

如图 3.5 所示，在两种税率设置情境中，经销商的利润随订货量的增加先上升后下降，说明利润关于订货量有极大值，但是税率不同对组合融资中经销商利润的影响非常显著，当实行优惠税率 0.1 时，经销商的利润曲线始终处于普通税率利润曲线的上方，而且越过极大值点后随着订货量的不断增加，高税率时的利润曲线下降速度加快，使之与优惠税率时的利润曲线间的差距加大，说明高税率情境中越过了极大值点之后，订货越多，高税率造成的订货边际成本上升越快，对经销商的损害越大，因此经销商绝不会在高税率时采用激进订货策略。因为模型考虑企业所得税因素，而所得税是企业计算利润的扣除项，越过利润极大值之后，订货的边际收益开始下降，低于订货的边际成本，并且高税率使此时的订货边际成

本高于低税率时的边际成本，因此呈现出图中 0.25 税率水平时利润曲线在激进订货区域快速下降的态势。

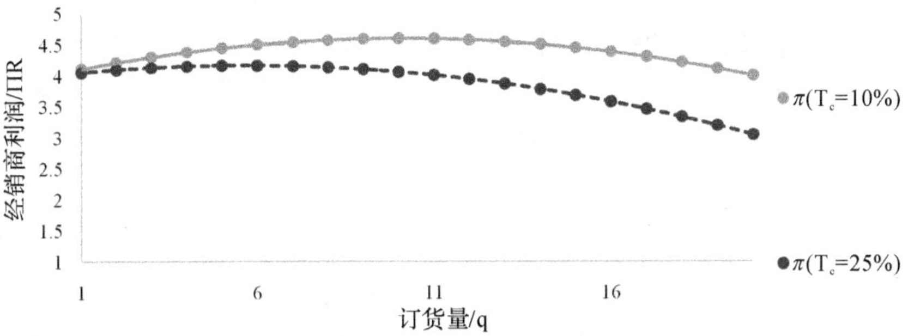


图 3.5　税率、订货量与经销商利润之间的关系

# 本章小结

本章研究贸易信用中供应商和经销商的决策。将税负因素分别引入供应商和经销商的目标利润后，认为在贸易信用的融资模式中，经销商具有最优订货决策，供应商具有最优定价策略。当贸易信用存在利息成本，融资的经销商在计算应缴税金时需考虑税盾效应，该效应降低了订货的边际采购成本，是对经销商订货策略的正向激励。但是，由于贸易信用属于关联企业贷款，税法对于这类贷款的利息成本抵扣规定了上限，因此本章分别讨论供应商和经销商选取哪种利息计算方式对自己更有利。结论认为：利息抵扣限定相对贸易信用利率的高低影响经销商对利息支付选择的偏好。当融资额度满足一定条件，隐性利息支付激励经销商采取激进订货策略。税盾效应影响经销商对利息支付方式选择的偏好。融资相对额度影响供应商对利息支付方式选择的偏好。贸易信用的产生与订货量确定的前后时点，也会影响供应链上两节点企业对利息支付方式选择的偏好。此外，本章还分析了息税前利润和税法抵扣限定因素对经销商税盾效应的影响。

# 第四章　银行信用模式中的企业决策分析

基于前两章讨论的融资模式，本章继续深入探讨有关融资企业的决策问题，仍然将企业所得税作为影响运营和融资决策的重要因素引入企业目标利润函数。本章与前两章的区别在于融资利息成本能够全额抵扣应纳税所得额，按税法规定银行信用下的利息作为财务费用全部可用于抵扣项，因此不存在之前利息收付方式的选择对融资企业税盾效应的影响。讨论顺序先是银行等提供贷款的金融机构关于贷款利率的决策问题；然后是银行信用下经销商的最优订货量的决策过程，并给出与最优解有关的性质。另外，通过对银行信用和关联企业贷款模式进行比较分析，研究当关键参数发生变化时，从经销商的订货激励和融资引发的税盾净收益的相应变化出发，讨论参数满足不同条件下哪种融资模式对有融资需求的经销商更有利。

## 第一节　银行信用模型的基本问题

### 一、基本问题描述

银行信用模式下，融资企业即经销商，通过向银行借款的方式弥补自身资金不足，并在给定批发价和已知银行贷款利率的前提下进行订货决策。银行通过将企业贷款收益与资本市场平均收益相等的方式制定利率决策。融资企业与金融机构的决策顺序如图 4.1 所示，

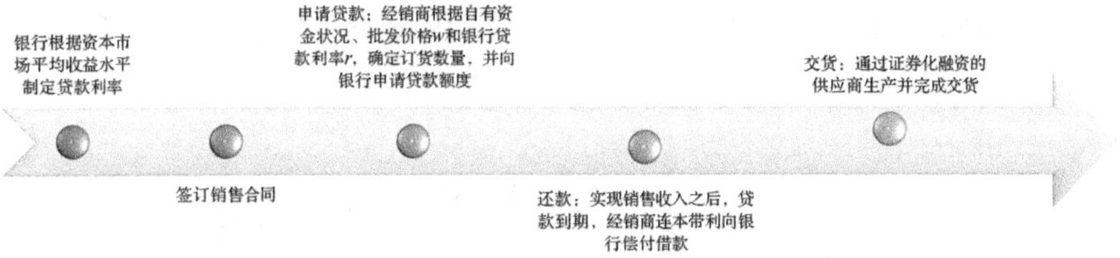


图 4.1　银行信用下银行与企业决策的顺序

## 二、银行信用下有税负企业决策模型的参数界定

### （一）模型参数

$c$—供应商生产成本；

$p$—零售价（为便于计算，假定 $p=1$，并且 $p>w>c>0$）；

$S$—随机需求下的期望销售量；

$y_R$—经销商的自有资金（初始资金）；

$y_S$—供应商的自有资金（初始资金）；

$T_R$—经销商应缴税金；

$T_S$—供应商应缴税金；

$T_c$—企业所得税税率；

$\delta$—税法对关联企业贷款利率规定的上限，即同类金融贷款平均利率水平；

$\Delta$—隐性利息收付方式中商品单价中的加价幅度，加价后的新单价为 $w+\Delta$；

$\eta$—关联企业贷款收益率是无风险利率的倍数；

$r_2$—贸易信用下供应商给经销商的贷款利率，即关联企业贷款利率；

$r_s$—资产证券化市场平均收益率；

$\pi_R$—经销商利润；

$\pi_S$—供应商利润；

$\pi_c$—集中决策时的供应链利润。

$q$—有税负的经销商的订货量；

$r$—银行贷款利率。

### （二）考虑税负的银行信用模式下企业决策主体/参数关系

具体如图 4.2 所示。

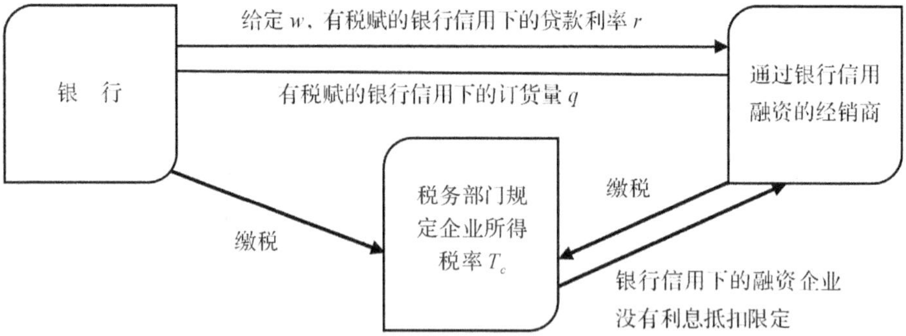


图 4.2 银行信用下的企业决策主体/参数关系

# 第二节 银行信用下银行与经销商的决策模型

## 一、银行信用下银行的决策模型

假定资本市场是完全竞争的，以放贷作为主营业务收入的金融机构比如银行，经过充分的市场竞争只能获得金融市场平均利润。用$r_f$代表无风险收益率，用来表示资金借贷市场的平均利润率。参与供应链金融系统的银行，提供给作为资金需求方的经销商贷款后，期待获得以收益率 $r$ 为代表的放贷利润和贷款本金，贷款利率 $r$ 是银行的决策变量。由于银行将自己的资金提供给经销商，并且假定经销商只能通过销售收入来偿还贷款的本金和利息，因此银行也将承担商品市场需求变动的风险，也就是说银行因为供应链金融业务而制定的利率 $r$ 不会完全等同于金融市场平均收益率，但是银行的期望利润等于金融市场的平均收益。

### （一）银行贷款利率的制定

具体如下：

$$(wq-y_R)\times(1+r_f)\times(1-T_c)=E\{\min[p\min(D,q),(wq-y_R)(1+r)]\times(1-T_c)\}$$

其中等式左边代表金融市场的所得税后的平均收益，等式右边代表开展供应链金融业务向经销商提供融资的银行的期望收益，$r$ 是银行贷款利率，$r_f$ 是金融市场平均收益率。

### （二）银行贷款利率决策模型求解

$$E\{\min[p\min(D,q),(wq-y_R)(1+r)]\times(1-T_c)\}=$$
$$[(wq-y_R)\times(1+r)-p\int_0^{\frac{(wq-y_R)(1+r)}{p}}F(x)\mathrm{d}x]\times(1-T_c)$$

于是，银行的利率决策为

$$(wq-y_R)\times(1+r)-p\int_0^{\frac{(wq-y_R)(1+r)}{p}}F(x)\mathrm{d}x=(wq-y_R)\times(1+r_f) \tag{4.1}$$

## 二、银行信用下经销商订货决策模型的建立

税务部门作为供应链渠道利润的分享者之一，其实已经参与到与纳税企业的博弈当中，只不过此时讨论的问题是站在作为纳税人的供应链上企业的角度，目标是实现企业税后利润最大化，并且由于隶属于政府的税务部门在制定税收相关政策、法律法规时，需要考虑的因素纷繁复杂，除了涉及微观经济理论和管理理论之外，还需要宏观经济理论的强力支撑，所以这里对税务部门的优化问题和决策暂不做深入讨论。但是，必须明确指出，税务部门的目标是实现税收的最大化，而这又恰恰与纳税企业的目标相互矛盾，不论是现行税法的具体法律条文还是对税法的理论研究与相关注释，税务部门都不同意企业将全部采购成本用来抵扣应纳税所得，而是采用与实际销售量相匹配的原则来计算调整应缴税金，因此模型中经销商的应纳税所得为销售单价与单位采购成本的差乘以实际销售量。应该注意，经销商的目标利润的模型中，将全部采购成本从销售收入中扣除，计算盈亏的方法与税务部门并不相同，这又进一步体现了纳税人和税务部门作为博弈双方的矛盾。这里研究的基点是站在供应链上企业的角度，通过设计有效的契约参数和决策来实现企业目标利润最大化，又由于利润的计算需要扣除企业所得税，因而与税务部

门的目标产生矛盾，博弈的时候假定供应链上企业知道税务部门如何计算企业应缴税金，因此模型在处理应缴税金时将税务部门收取的税费分为两种情境讨论。一种是调整计算后企业的应缴税金为正数，另一种是企业的应缴税金为零。

### (一)经销商订货决策模型

银行信用的情境中，由于经销商对外借款产生了作为融资成本的利息支付，按税法规定可以抵扣应纳税所得，因此从调整的当期应纳税所得额中扣除利息支付之后，如果应缴税金出现负值，则说明经销商出现亏损，因此不用缴纳税金。在以下的分析，也会将出现亏损的可能纳入讨论的问题当中。亏损的计算当然需要综合考虑很多可能冲减企业销售收入的因素，即使按税法调整仍然也有相当因素存在。为了简化计算，突出要说明的问题，这里忽略其他因素，并特别提出作为融资成本之一的利息支付成为抵扣项来影响纳税时企业的盈亏状态。综合以上分析，银行信用中的经销商利润为

$$\pi_R = [p\min(D,q) - (wq - y_R)(1 + r)]^+ - y_R - T_R$$

其中，应缴税金是应纳税所得额与税率乘积，并且为不小于零的非负数：

$$T_R = \max\{[(p-w)\min(D,q) - (wq - y_R)r]T_c, 0\}$$

### (二)经销商订货决策模型求解

**定理 4.1** 有资金约束的经销商通过银行借款融资，经销商存在并具有最优订货量。$q_{TB}$既与所得税率$T_c$、银行贷款市场的竞争程度$r_f$相关，又与银行贷款利率$r$相关。

证明：银行信用中经销商的期望销售量为

$$S = \int_0^{\frac{(wq-y_R)(1+r)}{p}} x\mathrm{d}F(x) + \int_{\frac{(wq-y_R)(1+r)}{p}}^{q} x\,\mathrm{d}F(x) + \int_q^{\infty} q\mathrm{d}F(x)$$

即，$S = q - \int_0^q F(x)\mathrm{d}x$。

应缴税金为：$T_R = [(p-w)\min(D,q) - (wq - y_R)r]T_c$

令 $A = \dfrac{(wq - y_R)r}{p - w}$，并且

$$\frac{\partial A}{\partial q} = \frac{wr}{p-w} > 0$$

所以应缴税金的期望值是

$$T_R=(p-w)\left[\int_A^q (x-A)\mathrm{d}F(x)+\int_q^{\infty}(q-A)\mathrm{d}F(x)\right]T_c$$

$$=(p-w)\,T_c\left[q-\frac{(wq-y_R)r}{p-w}-\int_{\frac{(wq-y_R)r}{p-w}}^{q}F(x)\mathrm{d}x\right]$$

令 $B=\dfrac{(wq-y_R)(1+r)}{p}$,$B$ 可以理解为能够用于偿还银行借款的市场最低销售量。

$$\frac{\partial B}{\partial q}=\frac{w(1+r)}{p}>0$$

由于 $A=\dfrac{(wq-y_R)r}{p-w}$,所以

$$(wq-y_R)(1+r)=[p-(p-w)T_c]B$$

经销商的利润函数为

$$\pi_R=[p\min(D,q)-(wq-y_R)(1+r)]^+-T_R-y_R$$

如果借款企业制定的目标函数中的期望销售收入不能偿还银行借款本息,则银行不会同意贷款。因此在经销商目标利润中限定收入与银行借款本息的差不能为负数,所以利润中用于偿还银行借款的部分为

$$[p\min(D,q)-(wq-y_R)(1+r)]^+$$

$$=p\left[q-\frac{(wq-y_R)(1+r)}{p}F\left(\frac{(wq-y_R)(1+r)}{p}\right)\right.$$

$$\left.-\int_{\frac{(wq-y_R)(1+r)}{p}}^{q}F(x)\mathrm{d}x\right]-(wq-y_R)(1+r)\,\overline{F}\left(\frac{(wq-y_R)(1+r)}{p}\right)$$

整理后的目标利润为

$$\pi_R=[p\min(D,q)-(wq-y_R)(1+r)]^+-T_R-y_R$$

$$=pq-pB+p\left[\int_0^B F(x)\mathrm{d}x\right]-p\left[\int_0^q F(x)\mathrm{d}x\right]$$

$$-(p-w)\,T_c\left[q-A-\int_A^q F(x)\mathrm{d}x\right]-y_R$$

再根据银行信用中银行的决策,有

$$(wq-y_R)\times(1+r)-p\int_0^{\frac{(wq-y_R)(1+r)}{p}}F(x)\mathrm{d}x=(wq-y_R)\times(1+r_f)$$

$$(wq-y_R)\times r-p\int_0^{\frac{(wq-y_R)(1+r)}{p}}F(x)\mathrm{d}x=(wq-y_R)\times r_f$$

所以，将银行的决策代入经销商利润函数，得到

$$\pi_R = pq - p\left[\int_0^q F(x)\mathrm{d}x\right] - (wq - y_R) \times (1 + r_f)$$

$$- (p - w)\, T_c\left[q - A - \int_A^q F(x)\mathrm{d}x\right] - y_R$$

$$\frac{\partial \pi_R}{\partial q} = [p - (p - w)\, T_c]\,\overline{F}(q) - w(1 + r_f) + wr\, T_c[\overline{F}(A)] = 0$$

$$\overline{F}(q) = \frac{w}{p - p\,T_c + w\,T_c}[1 + r_f - r\,T_c\,\overline{F}(A)] \tag{4.2}$$

$$\frac{\partial^2 \pi_R}{\partial q^2} = -\,[p - (p - w)\, T_c]f(q) - wr\, T_c[f(A)]\frac{\partial A}{\partial q} < 0$$

经销商的税后利润函数是凹函数，因此利润具有极大值，最优订货量为

$$q_{TB} = \overline{F}^{-1}\left\{\frac{w}{p - p\,T_c + w\,T_c}[1 + r_f - r\,T_c\overline{F}(A)]\right\}$$

此结果与前人的研究结论有明显差异，考虑税负后的经销商通过竞争的金融市场融资，经销商的最优订货量与金融市场的竞争程度$r_f$有关，同时又与银行约定的给予经销商的贷款利率 $r$ 相关。因为作为税盾对税负进行抵扣时，税务部门是按照经销商实际融资成本 $r$ 进行计算的。

## （三）经销商订货决策模型解的性质

**性质 4.1** 经销商的最优订货量即$q_{TB}$随着批发价 $w$ 的增加而递减，$q_{TB}$随着所得税率$T_c$的增加而递增，$q_{TB}$随着初始资金$y_R$的增加而递增，$q_{TB}$随着银行贷款利率 $r$ 的增加而递增，贷款利率 $r$ 是无风险利率$r_f$的增函数，贷款利率 $r$ 与初始资金$y_R$的减函数。

证明：将方程(4.2)两边对 $w$ 求导得到，

$$T_c\overline{F}(q) - [p - (p - w)T_c]f(q)\frac{\partial q}{\partial w} = 1 + r_f - r\,T_c\overline{F}(A)$$

$$+ wr\,T_c f(A)\frac{\partial A}{\partial w} \tag{4.3}$$

$$\frac{\partial A}{\partial w} = \frac{qr}{(p - w)} + \frac{wr}{(p - w)}\frac{\partial q}{\partial w} + \frac{(wq - y_R)r}{(p - w)^2}$$

将$\frac{\partial A}{\partial w}$的结果代入(4.3)得到，

$$T_c\overline{F}(q) - \frac{[p - (p - w)T_c]\overline{F}(q)}{w} - wr\,T_c f(A)\frac{qr}{(p - w)}$$

$$-wrT_cf(A)\frac{(wq-y_R)r}{(p-w)^2}=\left\{[p-(p-w)T_c]f(q)\right.$$

$$\left.+wrT_cf(A)\frac{wr}{(p-w)}\right\}\frac{\partial q}{\partial w} \tag{4.4}$$

整理等式(4.4)左边得到

$$T_c\overline{F}(q)-\left\{\frac{[p-(p-w)T_c]\overline{F}(q)}{w}+wrT_cf(A)\left[\frac{qr}{(p-w)}+\frac{(wq-y_R)r}{(p-w)^2}\right]\right\}$$

其中,括号内的部分整理为

$$\frac{wT_c\overline{F}(q)-[p-pT_c+wT_c]\overline{F}(q)}{w}$$

$$-wrT_cf(A)\left[\frac{qr}{(p-w)}+\frac{(wq-y_R)r}{(p-w)^2}\right]$$

其中,$wT_c\overline{F}(q)-wT_c\overline{F}(q)-(p-pT_c)\overline{F}(q)=-p(1-T_c)\overline{F}(q)$,所以左边为

$$-\frac{p(1-T_c)\overline{F}(q)}{w}-wrT_cf(A)\left[\frac{qr}{(p-w)}+\frac{(wq-y_R)r}{(p-w)^2}\right]<0$$

$$\frac{\partial q}{\partial w}=\frac{-\frac{p(1-T_c)\overline{F}(q)}{w}-wrT_cf(A)\left[\frac{qr}{(p-w)}+\frac{(wq-y_R)r}{(p-w)^2}\right]}{[p-(p-w)T_c]f(q)+wrT_cf(A)\frac{wr}{(p-w)}}<0$$

所以,银行信用下的最优订货量是批发价的减函数。这条结果也符合直觉的结论:商业交易行为中的一般情况下,价格提高会导致订货量减少。

将等式(4.2)两边对$T_c$求导,得到

$$w\overline{F}(q)-(p-pT_c+wT_c)f(q)\frac{\partial q}{\partial T_c}=-wr\overline{F}(A)+wrT_cf(A)\frac{\partial A}{\partial T_c}$$

又因为$A=\frac{(wq-y_R)r}{p-w}$,所以$\frac{\partial A}{\partial T_c}=\frac{wr}{p-w}\times\frac{\partial q}{\partial T_c}$

并且$\overline{F}(q)=\frac{w(1+r_f)-wrT_c\overline{F}(A)}{p-(p-w)T_c}$,那么

$$-\left[(p-pT_c+wT_c)f(q)+wrT_cf(A)\times\frac{wr}{p-w}\right]\frac{\partial q}{\partial T_c}$$

$$=-w\overline{F}(q)-wr\overline{F}(A)$$

于是

$$\frac{\partial q}{\partial T_c}=\frac{-w\overline{F}(q)-wr\overline{F}(A)}{-\left[(p-pT_c+wT_c)f(q)+wrT_cf(A)\times\frac{wr}{p-w}\right]}>0$$

所以,银行信用下的最优订货量是税率的增函数。意味着最优订货量随着税率的增加递增,这是因为订货的边际成本随着税率的增加递减,即税率越高,利息成本抵扣应纳税所得额后形成的税盾效应就越明显,给纳税的经销商节省的税费就越多,因而经销商受益越多。因此税率的不断提升可以刺激通过银行信用融资的经销商更多地订货,从而性质得证。

继续将等式(4.2)两边对$y_R$求导,得到

$$[p-(p-w)T_c]\overline{F}(q)=w[(wq-y_R)\times(1+r)-p\int_0^{\frac{(wq-y_R)(1+r)}{p}}F(x)\mathrm{d}x]-wrT_c\overline{F}(A)$$

整理后得到

$$-(p-pT_c+wT_c)f(q)\frac{\partial q}{\partial y_R}=wrT_cf(A)\frac{\partial A}{\partial y_R}$$

又因为 $A=\frac{(wq-y_R)r}{p-w}$,所以$\frac{\partial A}{\partial y_R}=-\frac{r}{p-w}$

并且根据等式(4.2),则

$$\frac{\partial q}{\partial y_R}=\frac{wrT_cf(A)\frac{r}{p-w}}{(p-pT_c+wT_c)f(q)}>0$$

所以,银行信用下的最优订货量 $q$ 是初始资金$y_R$的增函数。

继续将等式(4.2)两边对 $r$ 求导,得到

$$-\left[(p-pT_c+wT_c)f(q)+wrT_cf(A)\frac{wr}{p-w}\right]\frac{\partial q}{\partial r}=wT_c\overline{F}(A)[Ah(A)-1]$$

等式右侧 $wT_c\overline{F}(A)[Ah(A)-1]$的符号明显取决于 $Ah(A)$与 1 之间的大小,通过数值仿真进行比较,当 $w$ 和 $q$ 变化时,$Ah(A)$与 1 之间的关系如图 4.3所示。

可知 $Ah(A)<1$,则

$$\frac{\partial q}{\partial r}=\frac{wT_c\overline{F}(A)[1-Ah(A)]}{(p-pT_c+wT_c)f(q)+wrT_cf(A)\frac{wr}{p-w}}>0$$

所以,最优订货量是银行贷款利率的增函数。通常,越高的融资成本是对融资经销商订货行为的负向激励,然而,考虑税负后银行信用为融资经销商带来正向激励的税盾效应,融资成本越高税盾效应越显著,因而越能激励

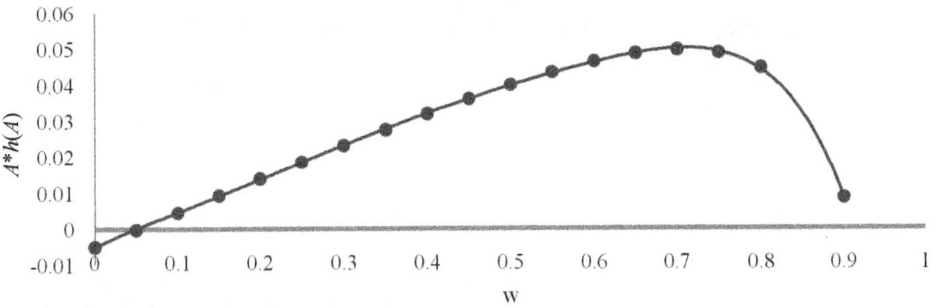


图 4.3　$Ah(A)$与 1 的大小比较

经销商更多地订货。

因为 $(wq-y_R)\times r-p\int_0^{\frac{(wq-y_R)(1+r)}{p}}F(x)\mathrm{d}x=(wq-y_R)\times r_f$，显然在银行的决策中，贷款利率 $r$ 是$(r_f)$ 的函数，于是将等式两边对$r_f$ 求导得到

$$(wq-y_R)\times r-p\int_0^{\frac{(wq-y_R)(1+r)}{p}}F(x)\mathrm{d}x=(wq-y_R)\times r_f$$

$$(wq-y_R)\overline{F}\left[\frac{(wq-y_R)(1+r)}{p}\right]\times\frac{\partial r}{\partial r_f}=(wq-y_R)$$

于是，$\frac{\partial r}{\partial r_f}=\frac{1}{\overline{F}\left[\frac{(wq-y_R)(1+r)}{p}\right]}>0$，所以贷款利率是无风险利率的增函数。这里的无风险利率代表着资本市场平均收益率，当资本市场的平均收益提高，则单个银行放款利率也会随之提高，低于市场平均收益水平的放款利率不会维持太久。

因为 $(wq-y_R)\times r-p\int_0^{\frac{(wq-y_R)(1+r)}{p}}F(x)\mathrm{d}x=(wq-y_R)\times r_f$，将等式两边对$y_R$ 求导，得到

$$-1-r+(wq-y_R)\frac{\partial r}{\partial y_R}-F\left[\frac{(wq-y_R)(1+r)}{p}\right]\left[-(1+r)+(wq-y_R)\frac{\partial r}{\partial y_R}\right]=-1-r_f$$

$$\frac{\partial r}{\partial y_R}=\frac{(1+r)\overline{F}\left[\frac{(wq-y_R)(1+r)}{p}\right]-(1+r_f)}{(wq-y_R)\overline{F}\left[\frac{(wq-y_R)(1+r)}{p}\right]}<0$$

所以,银行贷款利率是借款申请企业初始资金的减函数。也就是说,初始资金越多的企业,需要向银行申请的融资额度越少,因此银行面临的贷款风险也较低,对于贷款风险较低的企业,银行不会选择高贷款利率的策略降低自身在同类金融机构竞争中的价格优势。至此,性质 4.1 证毕。

## 三、不同融资模式下订货策略的比较分析

根据陈祥峰(2008)文献可知,不考虑企业所得税的银行信用模型中,经销商的利润函数为

$$\pi_R = (p-w)q-(wq-y_R)r-p\int_0^q F(x)\mathrm{d}x+p\int_0^{\frac{(wq-y_R)(1+r)}{p}} F(x)\mathrm{d}x$$

最优订货决策方程为$\overline{F}(q^*)=\frac{w(1+r_f)}{p}$,得到的结论是,通过银行信用融资的经销商最优订货量$q^*=\overline{F}^{-1}\left[\frac{w(1+r_f)}{p}\right]$与报童模型的最优订货量$q_N=\overline{F}^{-1}\left(\frac{w}{p}\right)$相等,因为$q^*$与银行贷款利率无关,但与金融市场竞争程度$r_f$相关,$r_f$越小即金融信贷市场竞争越激烈,则$q^*$就越大,直到金融市场达到完全竞争$r_f=0$时,实现$q^*=\overline{F}^{-1}\left(\frac{w}{p}\right)=q_N$,即此时银行信用下的最优订货量与传统模型的最优订货量实现一致;并且$q^*$总是大于有资金约束却无法获得银行信用的经销商的订货量$q_{NV}=\frac{y_R}{w}$。与前人文献的结论对比,考虑税负因素的模型存在明显差异。同样是以报童模型为基础并通过银行信用解决资金约束问题,考虑企业所得税因素后,经销商的最优订货量与银行贷款利率是有关的;而且考虑税负的银行信用下的$q_{TB}$与无税负的银行信用下的$q^*$的大小,需要分别在不同条件下讨论$q_{TB}$和$q^*$的大小:

$$q_{TB}=\overline{F}^{-1}\left\{\frac{w}{p-pT_c+wT_c}\left[1+r_f-rT_c\overline{F}(A)\right]\right\}$$

$$q^*=\overline{F}^{-1}\left[\frac{w(1+r_f)}{p}\right]$$

做差比较,

$$q_{TB}-q^*=\frac{w}{p-pT_c+wT_c}\left[1+r_f-rT_c\overline{F}(A)\right]-\frac{w(1+r_f)}{p}$$

$$=\frac{(p-w)(1+r_f)-pr\overline{F}(A)}{p[p-(p-w)T_c]}\times(wT_c)^2$$

其中分子$(p-w)(1+r_f)-pr\overline{F}(A)$决定了做差额的符号。

当$(p-w)(1+r_f)>pr\overline{F}(A)$，$q_{TB}<q^*$，即考虑税负的银行信用模型的最优订货量小于无税负的银行信用模型的最优订货量，此时利息成本抵扣应纳税所得的税盾效应小于高额的融资利息成本给利润带来的负面效应，所以经销商不会采取过激的订货策略。

当$(p-w)(1+r_f)\leqslant pr\overline{F}(A)$，$q_{TB}\geqslant q^*$，即考虑税负的银行信用模型的最优订货量大于无税负的银行信用模型的最优订货量，此时利息成本抵扣应纳税所得的税盾效应大于或等于高额的融资利息成本给利润带来的负面效应，所以经销商有动力采取激进的订货策略。

将有税负和无税负的银行信用下的最优订货量对比之后，再对均有税负的两种融资模式，即贸易信用和银行信用下的最优订货量进行比较。由贸易信用的最优解

$$(p-pT_c+wT_c)\overline{F}(q)=w\times\overline{F}\left(\frac{wq-y_R}{p}\right)$$

结合银行信用的最优解方程

$$[p-(p-w)T_c]\overline{F}(q)=w(1+r_f)-wrT_c\overline{F}\left[\frac{(wq-y_R)r}{p-w}\right]$$

对有税负的两种融资方式的边际成本进行做差比较，用银行信用的边际采购成本减去贸易信用的边际采购成本，得到

$$w\left\{(1+r_f)-rT_c\overline{F}\left[\frac{(wq-y_R)r}{p-w}\right]-\overline{F}\left(\frac{wq-y_R}{p}\right)\right\}$$

它是$q$的减函数。

如果$\dot{q}$满足方程$(1+r_f)=rT_c\overline{F}\left[\frac{(wq-y_R)r}{p-w}\right]+\overline{F}\left(\frac{wq-y_R}{p}\right)$，当$q_{TB}>\dot{q}$时，$w\left\{(1+r_f)-rT_c\overline{F}\left[\frac{(wq-y_R)r}{p-w}\right]-\overline{F}\left(\frac{wq-y_R}{p}\right)\right\}<0$，

考虑税负的情况下，只要订货决策不低于临界值$\dot{q}$，则与贸易信用模型相比，银行信用模型的边际成本更小因而可激励经销商更多的订货。然而陈祥锋(2012)认为，当存在资金的机会成本，由于银行贷款融资提高了经销商边际成本，所以与传统报童模型相比，通过银行融资解决资金约束的经销商具有更低的最优订货量；并且由于贸易信用融资降低了经销商边际成

本，所以与传统报童模型相比，通过贸易信用解决资金约束的经销商采取更激进的订货策略，综合之后认为贸易信用优于银行贷款。产生不同结论是由于银行贷款的利息成本允许税前扣除，因此借款企业产生的应纳税所得额相应减少以及应缴税金也会减少，银行贷款模式的总税盾等于债务税盾加采购成本；同样是融资，贸易信用的融资利息成本隐含在批发价中，因此这种融资模式产生的总税盾一并体现在采购成本中。通过最优订货量推演结果的综合比较后发现，当满足银行贷款模式的最优订货量不低于一定数量时，该模式产生的总税盾效应高于贸易信用的总税盾效用，从而降低了经销商在银行贷款模式下的边际成本，所以在考虑税负时，得出了与前人不尽相同的结论：

当$q_{TB} \leqslant \dot{q}$时，$w\left\{(1+r_f)-r\,T_c\overline{F}\left[\frac{(wq-y_R)r}{p-w}\right]-\overline{F}\left(\frac{wq-y_R}{p}\right)\right\}\geqslant 0$。

考虑税负的情况下，只要订货决策不高于临界值$\dot{q}$，则与银行信用模型相比，贸易信用模型的边际成本更小，因而激励经销商更多地订货。也就是说：当订货量低于一定上限时，银行信用下的税盾效应不明显，被融资成本和破产风险的负向效应抵消；相应的贸易信用下的税盾效应更显著，所以通过贸易信用融资更能激励经销商更多订货。

## 四、银行信用模型中借款企业纳税分析

关于企业亏损免于纳税的问题，经销商向银行借款的银行信用融资模式中，如果按销售毛利扣除银行借款利息支出后的应纳税所得额$(p-w)\min(D,q)-(wq-y_R)r$为负值，则经销商不需要向税务部门缴税，$T_R=0$。也就是说，银行信用模型中将纳税调整后盈利和亏损的情境合并，统一改写应缴税金部分为

$$T_R=[(p-w)\min(D,q)-(wq-y_R)r]^+\times T_c$$

$$T_R=\begin{cases}[(p-w)\min(D,q)-(wq-y_R)r]^+\times T_c, & (p-w)\left(q-\int_0^q F(x)\mathrm{d}x\right)>(wq-y_R)r\\ 0, & \text{其他}\end{cases}$$

当供应链上企业双方已签订确认销售合同条款，那么供应链上双方企业的决策即已固定。也就是说，在分散决策下经销商按照存在正的应缴税金对

期望利润优化后制定的订货量决策，以及供应商为主导的前提下基于经销商的决策由制定的批发价格，两个决策均已确定的前提下，由于市场需求的不确定，如果出现的需求带来的销售收入不能满足经销商用以偿付融资利息和已销售货物的采购成本，那么税务部门认定经销商亏损，经销商无须缴税。由此，经销商的利润函数为

$$\pi_R=(p-w)q-(wq-y_R)r-p\int_0^q F(x)\mathrm{d}x+p\int_0^{\frac{(wq-y_R)(1+r)}{p}}F(x)\mathrm{d}x$$
$$-(p-w)\left[q-A-\int_A^q F(x)\mathrm{d}x\right]T_c-y_R$$

其中，$T_R=[(p-w)\min(D,q)-(wq-y_R)r]^+\times T_c$。

经销商亏损的情境中，应纳税所得额为非正数，应缴税金为零，即

$$(p-w)\left[q-\int_0^q F(x)\mathrm{d}x\right]\leqslant(wq-y_R)r$$
$$\pi_R=[p\min(D,q)-(wq-y_R)(1+r)]^+-y_R-T_R$$
$$T_R=0$$

重新改写经销商利润，得到

$$\pi_R=[p\min(D,q)-(wq-y_R)(1+r)]^+-y_R$$
$$=pq-(wq-y_R)(1+r)-p\int_{\frac{(wq-y_R)(1+r)}{p}}^q F(x)\mathrm{d}x-y_R-T_R$$

进一步写出应缴税金部分

$$T_R=$$
$$\left[(p-w)q-(wq-y_R)r-p\int_0^q F(x)\mathrm{d}x+w\int_0^q F(x)\mathrm{d}x\right]\times T_C$$

此时，因为亏损时税务部门调整认定$T_R\leqslant 0$，即

$$(p-w)q-(wq-y_R)r\leqslant(p-w)\int_0^q F(x)\mathrm{d}x$$

但是应纳税费不能为负数，所以亏损时的应缴税金为$T_R=0$。又因为经销商利润函数中税前利润部分为

$$[p\min(D,q)-(wq-y_R)(1+r)]^+-y_R$$
$$=(p-w)q-(wq-y_R)r-p\int_0^q F(x)\mathrm{d}x+p\int_0^{\frac{(wq-y_R)(1+r)}{p}}F(x)\mathrm{d}x$$

将税前利润与应纳税所得额进行比较时，需要将 $p\int_0^{\frac{(wq-y_R)(1+r)}{p}}F(x)\mathrm{d}x$ 和

$w\int_0^q F(x)\mathrm{d}x$ 进行对比，才能最终确定应纳税所得调整为亏损、应缴税金为零的时候，经销商的期望利润是否也是亏损。

当 $w\int_0^q F(x)\mathrm{d}x > p\int_0^{\frac{(wq-y_R)(1+r)}{p}} F(x)\mathrm{d}x$，经销商应缴税金为零的前提下，期望利润也是负数即亏损，并且比税务部门调整后的应纳税所得额的亏损要更多，处于实质亏损状态。

当 $w\int_0^q F(x)\mathrm{d}x \leqslant p\int_0^{\frac{(wq-y_R)(1+r)}{p}} F(x)\mathrm{d}x$，并且满足税务部门认定企业为亏损时的条件，即

$$(p-w)q-(wq-y_R)r-p\int_0^q F(x)\mathrm{d}x+p\int_0^{\frac{(wq-y_R)(1+r)}{p}} F(x)\mathrm{d}x<0$$

那么经销商应缴税金为零的前提下，经销商自身认定的期望利润亏损虽然比税务部门调整后的应纳税亏损更少，但仍然处于利润为负数的实质亏损状态。

当 $w\int_0^q F(x)\mathrm{d}x \leqslant p\int_0^{\frac{(wq-y_R)(1+r)}{p}} F(x)\mathrm{d}x$，并且满足税务部门认定企业为亏损时的条件，即

$$(p-w)q-(wq-y_R)r-p\int_0^q F(x)\mathrm{d}x+p\int_0^{\frac{(wq-y_R)(1+r)}{p}} F(x)\mathrm{d}x \geqslant 0$$

虽然企业应缴税金为零、被税务部门调整认定企业为亏损，但是企业按当期实际发生额计算的税前利润为正数，也就是说企业在税前盈利的情境中，被税务部门调整为亏损，因而不需要纳税。

## 第三节 银行信用与关联企业贷款

### 一、关联企业借贷中作为资金提供方的关联企业的问题

这里提及的关联企业贷款，即第三章详细分析的贸易信用中，因为供应

商对经销商提供贷款，在双方企业缴纳税款时，经常被税务部门判定为关联企业之间的资金借贷行为的情况，因此，以利息抵扣应纳税所得额时，会受到税法相关规定的限制。这里，为了便于将关联企业贷款与银行信用模式进行比较，把关联企业贷款也看作一种成熟的市场行为，形成自己的市场平均收益率水平 $\eta r_f$。

向关联企业融资时，如果作为资金的提供方的关联企业的利润中，不发生与贷款无关的其他业务收支，则该提供融资的关联企业的决策可参照银行信用下银行的问题，得到资金提供方企业的决策等式：

$$1+\eta r_f=(1+r_2)-\frac{p}{(wq-y_R)}\int_0^{\frac{(wq-y_R)(1+r_2)}{p}}F(x)\mathrm{d}x$$

等式左边是提供融资的关联企业贷款的业务平均收益，用金融市场平均收益率的倍数 $\eta r_f$ 代表；等式右边是资金提供方企业的期望收益。通过该等式可以得到资金提供方企业的贷款利率决策。

## 二、税法关于利息抵扣的限定对经销商利润和订货策略的影响

除了已讨论的几种典型的供应链融资方式之外，实践当中供应链上有融资需求的企业也常常通过关联交易的企业寻求融资途径。但是，税法对关联交易企业间债权债务关系的涉税问题具有特别的限定，对于可抵扣应纳税所得的利息支出规定了上限：要求“不能超过按照金融企业同期同类贷款利率计算的数额的部分”。对此条文进行解读，如果该类借款的利息支出超过税法规定可抵扣的部分，同样需要缴纳企业所得税；而供应链企业向金融机构借款的利息支出按税法规定可以全部用来抵扣应纳税所得额。因此，税法这样的限定相当于对企业寻求融资的模式表现出歧视性待遇。

站在纳税企业角度，可用来抵扣的成本、费用等科目的金额越多，企业的应纳税所得额越少，所得税税率固定时企业的应缴税金越少，当其他参数不变时说明企业的期望利润更高。显然，单从税法这条限定的表面来看，税务部门对企业向金融机构融资的模式给予正向激励，通过降低关联企业间贷款的可抵扣应税额度的方式，激励企业更多地选择专业的金融机构解决融资需求。

这种限定下有融资需求企业的税费成本将会出现差异，进而对企业的目

标利润产生实质性影响，最终会影响有融资需求企业的运营决策和融资策略的选择。但是，供应链企业的运营决策的制定是许多因素共同作用的均衡结果，是通过在对企业目标利润优化的过程中定量分析得到的，需要考虑收入、成本、税费，以及税费对利息支付的作用等多个参数，究竟企业何时何种情境做出怎样的选择，需要通过量化过程和具体情境展开具体分析。

假定金融业同类同期贷款利率等于 $\delta$，关联交易企业间的融资利率 $r_2$，如果税法对关联交易融资利息没有规定抵扣的上限，则有融资的经销商利润为

$$\pi_R = pq-(wq-y_R)(1+r_2)-p\int_{\frac{(wq-y_R)(1+r_2)}{p}}^{q}F(x)\mathrm{d}x-y_R$$
$$-[(p-w)S-(wq-y_R)r_2]\times T_c$$

令 $\dot{A}=\dfrac{(wq-y_R)r_2}{p-w}$，通过一阶条件得到确定最优订货量方程。模式的形式类似于银行信用下经销商的问题。

根据关联企业贷款中资金提供方的问题：

$$(wq-y_R)(1+\eta r_f)=(wq-y_R)(1+r_2)-p\int_0^{\frac{(wq-y_R)(1+r_2)}{p}}F(x)\mathrm{d}x$$

融资方的利润可写为

$$\pi_R = pq-p\int_0^q F(x)\mathrm{d}x-(wq-y_R)\times(1+\eta r_f)$$
$$-(p-w)T_c\left[q-\dot{A}-\int_{\dot{A}}^{q}F(x)\mathrm{d}x\right]-y_R$$

$$\frac{\partial\pi_R}{\partial q}=[p-(p-w)T_c]\overline{F}(q)-pw(1+\eta r_f)+wrT_c\overline{F}(\dot{A})$$

$$\overline{F}(q)=\frac{pw(1+\eta r_f)-wrT_c\overline{F}(\dot{A})}{p-(p-w)T_c}$$

如果税法对关联交易融资利息明确规定可抵扣应纳税所得的上限，则有融资需求的经销商问题是：当 $r_2>\delta$ 时超出税法规定不能用来抵扣应纳税所得的利息支出部分为 $(wq-y_R)(r_2-\delta)$，这部分超出的利息仍然需要缴纳所得税。那么，超过税法规定的利息抵扣上限时的应缴税金和利润分别是

$$T_R=[(p-w)\min(D,q)-(wq-y_R)\delta]T_c$$
$$\pi_R=[p\min(D,q)-(wq-y_R)(1+r_2)]^+-y_R-T_R$$
$$S=\int_0^{\frac{(wq-y_R)(1+r)}{p}}x\mathrm{d}F(x)+\int_{\frac{(wq-y_R)(1+r)}{p}}^{q}x\mathrm{d}F(x)+\int_q^{\infty}q\mathrm{d}F(x)$$

$$= q - \int_0^q F(x)\mathrm{d}x$$

经销商利润中的第一部分的计算为

$$\begin{aligned}&[p\min(D,q) - (wq - y_R)(1 + r_2)]^+\\ &= p\left[q - \frac{(wq - y_R)(1 + r_2)}{p}F\left(\frac{(wq - y_R)(1 + r_2)}{p}\right)\right.\\ &\quad \left. - \int_{\frac{(wq-y_R)(1+r_2)}{p}}^q F(x)\mathrm{d}x\right] - (wq - y_R)(1+r_2)\overline{F}\left(\frac{(wq - y_R)(1 + r_2)}{p}\right)\end{aligned}$$

$$T_R = (p - w)S - (wq - y_R)\delta \times T_c$$

因此，经销商利润改写为

$$\pi_R = pq - (wq - y_R) \times (1 + \eta r_f) - p\left[\int_0^q F(x)\mathrm{d}x\right] -$$

$$(p - w)\ T_c\left[q - \dot{A} - \int_{\dot{A}}^q F(x)\mathrm{d}x\right] - y_R$$

$$\dot{A} = \frac{(wq - y_R)\delta}{p - w}, \frac{\partial \dot{A}}{\partial q} = \frac{w\delta}{p - w} > 0$$

$$\frac{\partial \pi_R}{\partial q} = [p - (p - w)\ T_c]\overline{F}(q) - w(1 + \eta r_f) + w\delta\ T_c\overline{F}(\dot{A}) = 0$$

于是得到方程

$$\overline{F}(q) = \frac{w}{p - (p - w)T_c}[1 + \eta r_f - \delta\ T_c\overline{F}(\dot{A})]$$

继续关于 $q$ 对 $\frac{\partial \pi_R}{\partial q}$ 求导，得到

$$\frac{\partial^2 \pi_R}{\partial q^2} = -[p - (p - w)\ T_c]f(q) - w\delta\ T_c f(\dot{A})\ \dot{A}'(q) < 0$$

所以，关联交易融资的经销商具有最优订货量方程为

$$\overline{F}(q) = \frac{w}{p - (p - w)T_c}[1 + \eta r_f - \delta\ T_c\overline{F}(\dot{A})]$$

通过比较有无税法对利息支付抵扣上限的两种情境，我们发现有抵扣上限规定并且$r_2 > \delta$时的经销商边际成本更高，因而此时经销商的决策是最优订货量相对较少。所以当其他参数固定时，规定利息支付抵扣上限时的经销商具有更低的利润。基于上述分析，供应链上经销商选择向关联企业进行债务融资时，税法的抵扣限定对其订货决策和期望利润产生负向影响。

## 三、税法关于利息抵扣限定 $\delta$ 的变化对经销商订货策略的影响

对比银行信用下的最优订货量$\overline{F}(q)=\dfrac{w}{p-(p-w)T_c}[1+r_f-rT_c\overline{F}(A)]$，

根据贷款银行的问题

$$(wq-y_R)\times(1+r_f)=(wq-y_R)\times(1+r)-p\int_0^{\frac{(wq-y_R)(1+r)}{p}}F(x)\mathrm{d}x$$

通过移项得到 $1+r_f=(1+r)-\dfrac{p}{(wq-y_R)}\displaystyle\int_0^{\frac{(wq-y_R)(1+r)}{p}}F(x)\mathrm{d}x$

银行信用下的经销商的最优订货量决策方程为：

$$\overline{F}(q)=\frac{w}{p-(p-w)T_c}[(1+r_f-r)T_c\overline{F}(A)]$$

再观察经销商通过关联企业债务融资情境时的订货量决策方程：

$$\overline{F}(q)=\frac{w}{p-(p-w)T_c}[(1+\eta r_f-\delta T_c\overline{F}(\dot{A})]$$

证明：将关联企业融资时的边际成本方程减去银行信用下经销商的边际成本方程，得到：$\dfrac{w}{p-(p-w)T_c}\{(\eta-1)r_f+[r\overline{F}(A)-\delta\overline{F}(\dot{A})]\times T_c\}$。

令 $\Lambda(\delta)=(\eta-1)r_f+[r\overline{F}(A)-\delta\overline{F}(\dot{A})]\times T_c$，该函数 $\Lambda(\delta)$是两种融资模式下的边际采购成本的差额，也是两种融资模式下税盾净收益的差额。其中，$r\overline{F}(A)T_c-r_f$代表银行信用下产生的税盾净收益率，税盾净收益率等于税盾扣除该类融资模式的平均市场收益率；$\delta\overline{F}(\dot{A})T_c-\eta r_f$代表关联企业贷款模式下的税盾净收益率。如果将该函数改写成 $\Lambda(\delta)=[r\overline{F}(A)T_c-r_f]-[\delta\overline{F}(\dot{A})T_c-\eta r_f]$，则 $\Lambda(\delta)$就是两种融资对应的税盾净收益率差额，该差额所代表的意义为关联企业贷款相对于银行信用的边际采购成本，或者是银行信用相对于关联企业贷款的税盾净收益相对价值。

如果 $\Lambda(\delta)=0$ 成立，那么两种融资的税盾净收益相同，令$\check{\delta}_i$满足 $\Lambda(\delta)=0$，其中 $i=0,1,2$；由于$\dot{A}=\dfrac{(wq-y_R)\delta}{p-w}$，$A=\dfrac{(wq-y_R)r}{p-w}$，并且 $\delta\leqslant r$，所以$\overline{F}(A)\leqslant\overline{F}(\dot{A})$，因此

$$\Lambda(\delta)=(\eta-1)r_f+[r\overline{F}(A)-\delta\overline{F}(\dot{A})]\times T_c\leqslant(\eta-1)r_f+(r-\delta)\overline{F}(\dot{A})\times T_c$$

观察函数 $\Lambda(\delta)$ 关于 $\delta$ 的单调性，一阶条件可知

$$\frac{\partial\Lambda(\delta)}{\partial\delta}=\left[-1+\delta h(\dot{A})\frac{(wq-y_R)}{p-w}\right]\overline{F}(\dot{A})\times T_c$$

假定有 $\frac{\partial\Lambda(\hat{\delta})}{\partial\delta}=0$。暂时无法判定单调性，那么继续对 $\delta$ 求导，得到

$$\frac{\partial^2\Lambda}{\partial\delta^2}=\left[h(\dot{A})+\delta\frac{\partial h(\dot{A})}{\partial\dot{A}}\frac{(wq-y_R)}{p-w}\right]\frac{(wq-y_R)}{p-w}\overline{F}(\dot{A})\times T_c$$

$$-\left[-1+\delta h(\dot{A})\frac{(wq-y_R)}{p-w}\right]\overline{F}(\dot{A})h(\dot{A})\frac{(wq-y_R)}{p-w}\times T_c$$

因为一阶条件使得 $\frac{\partial\Lambda(\hat{\delta})}{\partial\delta}=0$，那么

$$\left\{-1+\hat{\delta}h[\dot{A}(\hat{\delta})]\frac{(wq-y_R)}{p-w}\right\}\overline{F}[\dot{A}(\hat{\delta})]=0$$

则 $\frac{\partial^2\Lambda(\hat{\delta})}{\partial\delta^2}=\left[h(\dot{A})+\delta\frac{\partial h(\dot{A})}{\partial\dot{A}}\frac{(wq-y_R)}{p-w}\right]\frac{(wq-y_R)}{p-w}\overline{F}(\dot{A})\geqslant0$

即函数 $\Lambda(\delta)$ 关于 $\delta$ 是严格凸的，当 $\delta=\hat{\delta}$ 时，$\Lambda(\delta)$ 具有极小值。结合之前的设定 $\Lambda(\check{\delta}_i)=0$ 以及 $\Lambda(\hat{\delta})=0$，综合得到以下结论：

如果 $\Lambda(\hat{\delta})>0$ 始终成立，那么无论利息抵扣上限 $\delta$ 如何规定，银行信用的订货边际成本相对更低，并且银行信用的税盾净收益更高，所以通过银行信用进行融资的经销商具有更高的订货激励和税盾净收益，选择银行信用更有利。

如果 $\Lambda(\hat{\delta})=0$ 成立时只有一个解 $\check{\delta}_0$，当 $\delta=\check{\delta}_0=\hat{\delta}$ 时，$\check{\delta}_0$ 与极小值点 $\hat{\delta}$ 重合，在极小值点上两种融资模式下的经销商的订货激励一致，经销商无论采取哪种融资方式都具有相同的最优订货量；当 $\delta\neq\check{\delta}_0$ 时，函数 $\Lambda(\delta)>0$ 始终成立，那么无论利息抵扣上限 $\delta$ 如何规定，关联企业融资时的订货边际成本相对更高、税盾净收益更低，所以选择银行信用融资的经销商具有更高的订货激励，可获得更多税盾净收益。

如果 $\Lambda(\check{\delta}_i)=0$ 成立时有两个解 $\check{\delta}_1$ 和 $\check{\delta}_2$，且 $\check{\delta}_1<\check{\delta}_2$，那么：

$\delta<\check{\delta}_1$ 或者 $\delta>\check{\delta}_2$ 时，函数 $\Lambda(\delta)>0$ 始终成立，那么无论利息抵扣上限 $\delta$ 如

何规定，关联企业融资时的订货边际成本相对更高，所以选择银行信用融资的经销商具有更高的订货激励和更多的税盾净收益。

$\check{\delta}_1<\delta<\hat{\delta}$或者$\check{\delta}_2>\delta>\hat{\delta}$时，函数 $\Lambda(\delta)<0$ 始终成立，那么无论利息抵扣上限 $\delta$ 如何规定，通过关联企业贷款融资时的订货边际成本相对更低、具有更高的税盾净收益，所以经销商具有更高的订货激励，选择关联企业贷款融资更有利。

$\delta=\check{\delta}_1$或$\check{\delta}_2$，两种融资模式下的经销商的订货激励一致，经销商无论采取哪种融资方式都具有相同的最优订货量和相等的税盾净收益，两种融资模式对经销商是无差别的。

**性质 4.2** (1)$\Lambda(\hat{\delta})>0$ 时，即银行信用的订货边际成本相对更低，银行信用的税盾净收益更高，所以通过银行信用进行融资的经销商选择银行信用更有利。

(2)$\Lambda(\hat{\delta})=0$ 且 $\delta=\check{\delta}_0=\hat{\delta}$时，即两种融资模式下的订货边际成本相等，经销商的订货激励相同，税盾净收益相等，两种融资模式对经销商无差异；$\delta\neq\check{\delta}_0$ 时 $\Lambda(\delta)>0$，即无论利息抵扣上限 $\delta$ 如何规定，关联企业融资时的订货边际成本相对更高、税盾净收益更低，所以选择银行信用融资对经销商更有利。

(3)如果 $\Lambda(\check{\delta}_i)=0$ 成立时有两个解$\check{\delta}_1$和$\check{\delta}_2$，且$\check{\delta}_1<\check{\delta}_2$，那么：

$\delta<\check{\delta}_1$或者 $\delta>\check{\delta}_2$时，函数 $\Lambda(\delta)>0$ 始终成立，即无论利息抵扣上限 $\delta$ 如何规定，关联企业融资时的边际采购成本相对更高，所以银行信用对经销商具有更高的订货激励并使企业获得更多税盾净收益。

$\check{\delta}_1<\delta<\hat{\delta}$或者$\check{\delta}_2>\delta>\hat{\delta}$时，函数 $\Lambda(\delta)<0$ 始终成立，即无论利息抵扣上限 $\delta$ 如何规定，通过关联企业贷款融资时的订货边际成本相对更低、具有更高的税盾净收益，所以关联企业贷款对经销商具有更高订货激励，使企业获得更多的税盾净收益。

$\delta=\check{\delta}_1$或$\check{\delta}_2$，即两种融资模式下的订货边际成本相等，则经销商的订货激励一致，并且税盾净收益相同，所以两种融资模式对经销商是无差别的。

## 四、银行信贷利率 $r$ 的变化对经销商订货策略的影响

上述分析给出了税法关于抵扣限定 $\delta$ 的变化，对采用不同融资模式下的经销商订货决策的影响。银行信用下的经销商的最优订货量决策方程为

$$\overline{F}(q)=\frac{w}{p-(p-w)T_c}[1+r_f-rT_c\overline{F}(A)]$$

再观察经销商通过关联企业债务融资情境时的订货量决策方程为

$$\overline{F}(q)=\frac{w}{p-(p-w)T_c}[1+\eta r_f-\delta T_c\overline{F}(\dot{A})]$$

**性质 4.3**　(1)当银行贷款利率为$\hat{r}$时，使 $\Lambda(\hat{r})<0$ 成立，即关联企业贷款边际采购成本相对较低，则通过关联企业贷款的经销商具有更高的订货激励和税盾净收益。

(2)当银行贷款利率 $r=\check{r}_0$ 时，$\Lambda(\hat{r})=0$ 成立且有一个解，关联企业贷款边际采购成本与银行信用时的成本相同，即经销商在两种融资方式下具有相同的最优订货量、获得相等的税盾净收益；当银行贷款利率 $r\neq\check{r}_0$ 时，函数 $\Lambda(r)<0$ 始终成立，通过关联企业贷款进行融资的经销商具有更高的订货激励。

(3)当存在两个同时满足 $\Lambda(\check{r}_i)=0$ 的银行贷款利率水平 $\check{r}_1$ 和 $\check{r}_2$，关联企业贷款边际采购成本与银行信用时的成本相同，那么当银行贷款利率分别为：

$r<\check{r}_1$ 或者 $r>\check{r}_2$ 时，$\Lambda(r)<0$ 始终成立，说明关联企业融资时的订货边际成本相对更低、税盾效应相对更强，所以通过关联企业贷款融资的经销商具有更高的订货激励税盾净收益。

$\check{r}_1<r<\hat{r}$ 或者 $\check{r}_2>r>\hat{r}$ 时，$\Lambda(r)>0$ 始终成立，说明银行信用融资时的订货边际成本相对更低、税盾效应相对更强，所以通过银行信用进行融资的经销商具有更高的订货激励税盾净收益。

$r=\check{r}_1$ 或 $\check{r}_2$，两种融资模式下的经销商的订货激励和税盾效应一致，经销商无论采取哪种融资方式都具有相同的最优订货量、税盾净收益。

证明：如果其他参数固定，将银行信用下经销商的边际采购成本减去有抵扣限定的关联企业贷款时的边际成本，得到

$$\frac{w}{p-(p-w)T_c}\left\{(\eta-1)r_f+\left[r\overline{F}\left(\frac{(wq-y_R)r}{p-w}\right)\right.\right.$$
$$\left.\left.-\delta\overline{F}\left(\frac{(wq-y_R)\delta}{p-w}\right)\right]\times T_c\right\}$$

令 $\Lambda(r)=(\eta-1)r_f+[r\overline{F}(A)-\delta\overline{F}(\dot{A})]\times T_c$，$\Lambda(r)=0$ 成立时，令 $\check{r}_i$ 满足 $\Lambda(r)=0$，其中 $i=0,1,2$；$\Lambda(r)$ 与 $\Lambda(\delta)$ 的表达式相同，不同的是将决策变量从利息抵扣上限 $\delta$ 变为银行贷款利率 $r$，$\Lambda(r)$ 同样代表关联企业贷款的相对边际采购成本或税盾净收益相对价值，即 $\Lambda(r)=[r\overline{F}(A)T_c-r_f]-[\delta\overline{F}(\dot{A})T_c-\eta r_f]$。

由于 $\dot{A}=\frac{(wq-y_R)\delta}{p-w}$，$A=\frac{(wq-y_R)r}{p-w}$，并且 $\delta\leqslant r$，所以 $\overline{F}(A)\leqslant\overline{F}(\dot{A})$，且，

$$\Lambda(r)=(\eta-1)r_f+[r\overline{F}(A)-\delta\overline{F}(\dot{A})]\times T_c\leqslant(\eta-1)r_f+(r-\delta)\overline{F}(\dot{A})\times T_c$$

观察函数 $\Lambda(r)$ 关于 $r$ 的单调性，一阶条件可知

$$\begin{aligned}\frac{\partial\Lambda(r)}{\partial r}&=\left[\overline{F}(A)-rf(A)\frac{(wq-y_R)}{p-w}\right]\times T_c\\&=\left[1-rh(A)\frac{(wq-y_R)}{p-w}\right]\overline{F}(A)\times T_c\end{aligned}$$

假定有 $\frac{\partial\Lambda(\hat{r})}{\partial r}=0$。暂时无法判定单调性，那么继续对 $r$ 求导，得到

$$\begin{aligned}\frac{\partial^2\Lambda(r)}{\partial r^2}=&-\left[h(A)+\delta\frac{\partial h(A)}{\partial A}\frac{(wq-y_R)}{p-w}\right]\frac{(wq-y_R)}{p-w}\overline{F}(A)\times T_c\\&-\left[1-rh(A)\frac{(wq-y_R)}{p-w}\right]\overline{F}(A)h(A)\frac{(wq-y_R)}{p-w}\times T_c\end{aligned}$$

因为一阶条件，得到 $\frac{\partial\Lambda(\hat{r})}{\partial r}=0$，那么

$$\left\{1-\hat{r}h[A(\hat{r})]\frac{(wq-y_R)}{p-w}\right\}\overline{F}[A(\hat{r})]=0$$

$$\frac{\partial^2\Lambda(r)}{\partial r^2}=-\left[h(A)+\delta\frac{\partial h(A)}{\partial A}\frac{(wq-y_R)}{p-w}\right]\frac{(wq-y_R)}{p-w}\overline{F}(A)\times T_c\leqslant 0$$

即函数 $\Lambda(\delta)$ 关于 $\delta$ 是严格凹的，当 $r=\hat{r}$ 时 $\Lambda(r)$ 具有极大值。根据先前的设定 $\Lambda(\check{r}_i)=0$ 以及 $\frac{\partial\Lambda(\hat{r})}{\partial r}=0$，得到结论：

如果 $\Lambda(\hat{r})<0$ 始终成立，那么无论银行贷款利率 $r$ 如何规定，关联企业融资时的订货边际成本相对更低、税盾效用相对更强，所以通过关联企业贷款进行融资的经销商具有更高的订货激励和税盾净收益。

如果 $\Lambda(\hat{r})=0$ 成立时只有一个解 $\check{r}_0$，那么当 $r=\check{r}_0$ 时，$\check{r}_0$ 与极大值点 $\hat{r}$ 重

合，在极大值点上两种融资模式下的经销商的订货激励一致、税盾净收益相同，两种融资方式对经销商的影响无差异；当 $r\neq\check{r}_0$ 时，函数 $\Lambda(r)<0$ 始终成立，那么无论银行贷款利率 $r$ 如何规定，关联企业融资时的订货边际成本相对更低、税盾效用相对更强，通过这种方式融资的经销商具有更高的订货激励和税盾净收益。

如果 $\Lambda(\check{r}_i)=0$ 成立时有两个解 $\check{r}_1$ 和 $\check{r}_2$，且 $\check{r}_1<\check{r}_2$，那么：

$r<\check{r}_1$ 或者 $r>\check{r}_2$ 时，函数 $\Lambda(r)<0$ 始终成立，那么无论银行贷款利率 $r$ 如何规定，关联企业融资时的订货边际成本相对更低、税盾效用相对更强，所以关联企业贷款进行融资的经销商具有更高的订货激励、税盾净收益。

$\check{r}_1<r<\hat{r}$ 或者 $\check{r}_2>r>\hat{r}$ 时，函数 $\Lambda(r)>0$ 始终成立，那么无论银行贷款利率 $r$ 如何规定，银行信用融资时的订货边际成本相对更低、税盾效用相对更强，所以通过银行信用进行融资的经销商具有更高的订货激励、税盾净收益。

$r=\check{r}_1$ 或 $\check{r}_2$，两种融资模式下的经销商的订货激励一致，经销商无论采取哪种融资方式都具有相同的最优订货量、税盾净收益。至此，性质 4.3 证毕。

# 第四节　银行信用模型中的算例分析

## 一、经销商最优订货量与批发价的关系

下面结合数值算例分析企业通过银行贷款融资模式中，企业所得税 $T_c$、初始资金、批发价格 $w$ 的设置对经销商最优订货量 $q$ 的影响，订货量 $q$ 的设置对经销商利润的影响，企业所得税 $T_c$、批发价格 $w$ 的设置对供应商利润 $\pi_S$ 的影响，从而进一步说明和验证本书得出的主要结论。

如图 4.4 所示，假定商品市场需求服从[0,200]上的均匀分布，商品零售价格 $p=1$，$c=0.3$，$r=0.1$，$r_f=0.05$，当 $T_c=0.1$ 或 0.4 时，订货量随着批发价格的提高而减少，订货量与批发价之间的下降趋势明显，说明订货量对价格变动比较敏感，单位批发价的提高会显著提升订货的单位采购成本，因此对订货行为是负向激励。图中还分别画出高低两种不同税率情境中订货量与批发价格间的曲线关系，在高税率情境中的订货量曲线位于低税率情境订

货量曲线上方，说明税率提高，订货量也更高，税率是订货行为的正向激励。

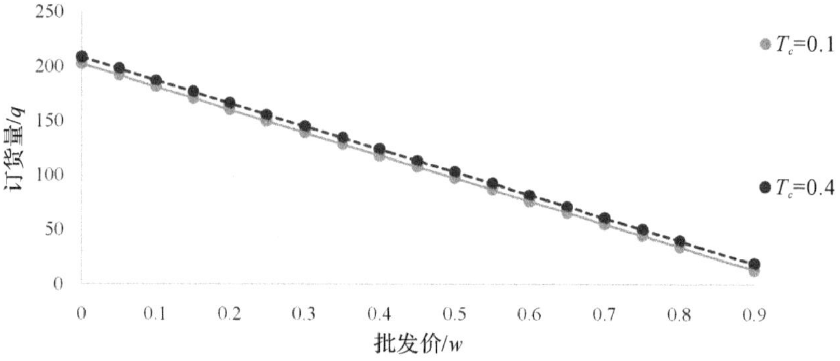


图 4.4　银行信用中经销商订货量与批发价的关系

## 二、经销商最优订货量与税率的关系

下面结合数值算例分析企业通过银行贷款融资模式中，企业所得税 $T_c$、批发价格 $w$ 的设置对经销商最优订货量 $q$ 的影响，从而进一步说明和验证本书得出的主要结论。

如图 4.5 所示，假定商品市场需求服从[0,200]上的均匀分布，商品零售价格 $p=1$，$c=0.3$，$r=0.1$，$r_f=0.05$，$y_R=10$，当批发价 $w=0.2$ 和 0.6 时，订货量随着税率的提高而增加，说明税率提高虽然增加经销商的应缴税金，但是在银行信用下的税盾效应使获得银行贷款的经销商面临的纳税成本越高，

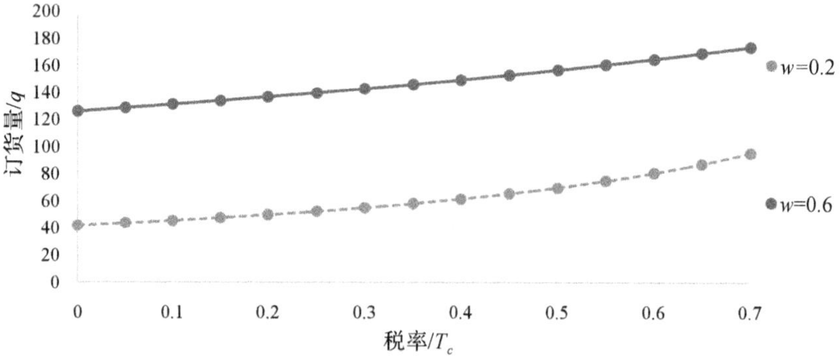


图 4.5　银行信用中经销商订货量与税率的关系

税盾效应越高，从而边际采购成本越低，因此高税率带来低采购成本，经销商得到订货的正向激励，因此订货量与税率正向变动。并且在更高的批发价格水平，经销商的采取激进的订货策略，高批发价意味着高融资额度和高融资成本，但是这些在考虑税负的银行信用情境中，都会给经销商带来更高的税盾效应。

## 三、经销商最优订货量与初始资金的关系

下面结合数值算例分析企业通过银行贷款融资模式中，初始资金$y_R$、企业所得税$T_c$的设置对经销商最优订货量$q$的影响，从而进一步说明和验证本书得出的主要结论。

如图4.6所示，假定商品市场需求服从[0,200]上的均匀分布，商品零售价格$p=1$，$c=0.3$，$r=0.1$，$r_f=0.05$，批发价$w=0.6$，当$T_c=0.1$或0.4时，订货量随着初始资金的提高而增加，但是这种递增关系非常不明显，以至于图中两条曲线几乎均呈水平状态，说明初始资金的变化对考虑税负的银行信用中的订货量影响甚微，订货量对借款企业初始资金的敏感性很低。但是在高低两种不同的税率水平下，两条订货量曲线间的差距明显，充分说明订货量对税率变动的敏感性。高税率水平时，经销商的单位采购成本增加，多采购一单位商品需要支付的税费相对于低税率要多支出0.3点，极大抑制了经销商订货的积极性，因此在极端高税率情境中，经销商采取保守的订货策略。

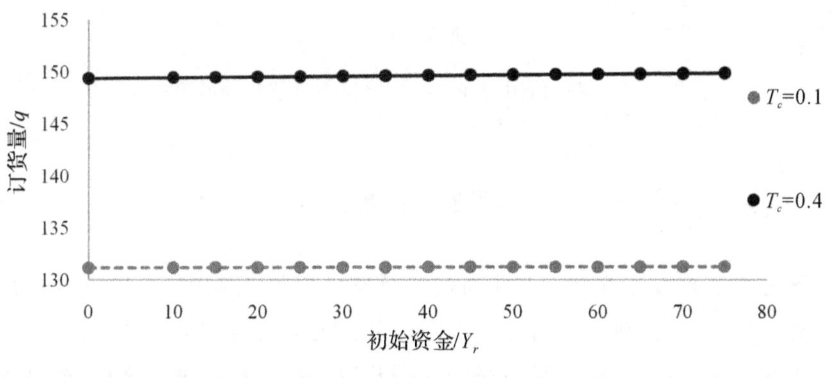


图4.6　银行信用中经销商订货量与初始资金的关系

## 四、经销商最优订货量与银行贷款利率的关系

下面结合数值算例分析企业通过银行贷款融资模式中，银行贷款利率 $r$、企业所得税 $T_c$ 的设置对经销商最优订货量 $q$ 的影响，从而进一步说明和验证本书得出的主要结论。

如图 4.7 所示，假定商品市场需求服从[0,200]上的均匀分布，商品零售价格 $p=1$，$c=0.3$，$r_f=0.05$，$y_R=10$，批发价 $w=0.6$，当 $T_c=0.1$ 或 0.4 时，订货量随着银行贷款利率的提高而增加，但是这种递增关系并不显著，说明银行贷款利率即经销商融资成本的变化对考虑税负的银行信用中的订货量影响甚微，订货量对银行贷款利率的敏感性很低。但是在高、低两种不同的税率水平下，两条订货量曲线间的差距明显，充分说明订货量对税率变动的敏感性较高。高税率水平时，经销商的单位采购成本增加，多采购一单位商品需要支付的税费相对于低税率要多支出 0.3，极大抑制了经销商订货的积极性，因此在极端高税率情境中，经销商采取保守的订货策略。

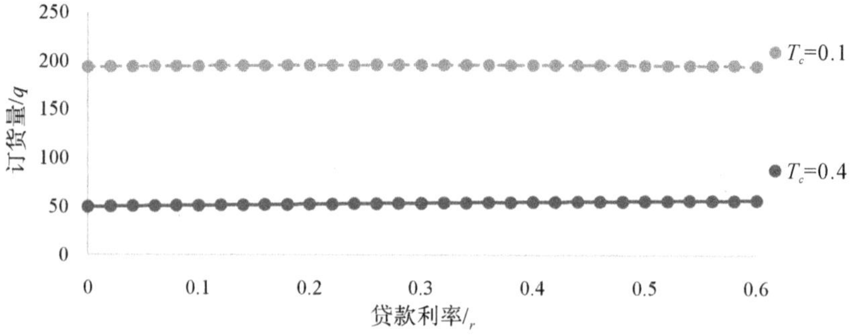


图 4.7　银行信用中经销商订货量与贷款利率的关系

## 五、银行贷款利率与初始资金的关系

下面结合数值算例分析企业通过银行贷款融资模式中，初始资金 $y_R$ 的设置对银行利率 $r$ 的影响，从而进一步说明和验证本文得出的主要结论。

如图 4.8 所示，假定商品市场需求服从[0,200]上的均匀分布，商品零售价格 $p=1$，$c=0.3$，$r_f=0.05$，批发价 $w=0.6$，$T_c=0.1$ 时，银行贷款利率随借

款企业初始资金的增加呈明显下降趋势，说明企业自有资金相对越多，向银行申请的借款额度越低，因此银行面临的贷款风险越低，对资金相对充裕的企业收取的利息也相对较低。

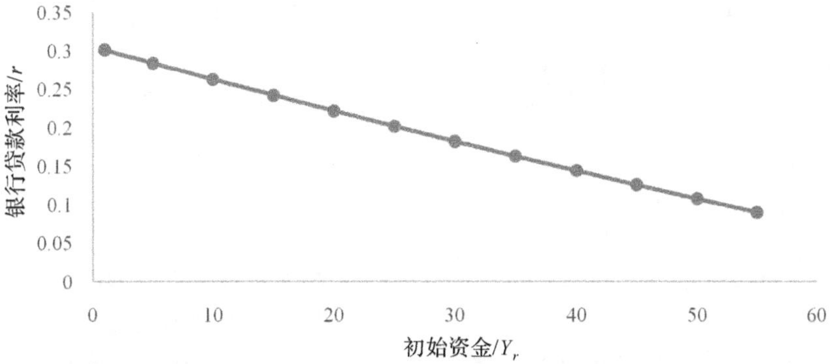


图 4.8　银行信用中银行贷款利率与借款企业初始资金的关系

# 本章小结

银行信用中银行贷款利率的决策既与借款企业申请的借款额度有关，又与金融市场的竞争程度相关，经销商知道银行贷款利率的确定原则，并据此优化自身的利润函数。考虑税负后的经销商通过银行贷款融资，按税法规定将银行借款利息作为财务费用全额抵扣当期应纳税所得额，经销商获得全部税盾效应，因此其他条件不改变时，贷款利息或者税率的提高使经销商的税盾效应更明显。税盾降低了边际采购成本，是对经销商订货的正向激励。因此订货量分别是贷款利息与税率的增函数，订货量分别是批发价与初始资金的减函数。而且出于对贷款风险的考虑，银行贷款利率是借款企业初始资金的减函数，初始资金越少的企业借款需求越高，因此银行面临的贷款风险越高，所以银行对低初始资金企业规定的融资成本也越高。对银行信用和关联企业贷款(贸易信用)进行比较分析，本书认为当利息抵扣上限和银行贷款利率取值范围不同，则两种融资模式下的订货的边际成本和税盾净收益也会有所差异，因此在不同的取值区间，两种融资模式对经销商表现出的优势也会产生变化。

# 第五章　不同融资模式中的信息不对称问题

基于前几章讨论的融资模式，本章继续深入研究有融资行为时企业的运营策略选择，不同的是本章将信息不对称问题引入融资需求企业和资金提供方的博弈，考虑信息不对称因素存在时，博弈的主导方如何通过参数和机制设计对不同类型的借款人进行有效区分。按不同的融资模式分为两部分，讨论贸易信用模式及银行信用模式中的信息不对称问题。不论哪种融资模式，主要针对的都是融资方与资金提供方之间的信息不对称。贸易信用中的信息不对称存在于供应商和经销商之间，为了避免取得贸易信用融资的经销商的道德风险，处于主导地位的供应商通过激励机制设计促使经销商共享真实的私人信息（经销商自身的类型即私人信息）。银行信用中银行等提供贷款的金融机构与借款企业间的信息不对称一直是该领域研究的重点，借款企业主动将与自身真实类型关联的信号传递到银行的信号模型，便于银行快速高效地区分不同借款人的类别。

## 第一节　贸易信用中的信息不对称与激励机制

供应链内部融资，是指有资金需求的企业通过向供应链上下游合作企业进行融资，而不通过银行等外部金融机构，例如供应商为下游零售商提供融资便利，允许零售商延迟支付货款。实施内部融资的实践中，有的供应商收取融资利息，而有的则免费提供延迟支付的融资便利给零售商，由自己承担延迟收回货款造成的全部时间成本、机会成本。在下游需要延迟付款的前提下，如何通过有效的激励机制使渠道利润在上、下游之间进行优化配置，是博弈中作为领导者的供应商所面临的主要问题。由于所处的市场环境不同，终端消费者与各自零售商的关系各异，以及零售商的销售成本和销售努力的差异化，零售商对某新产品的终端市场销售预期出现分歧。如果供应商忽视这种分歧，在对零售商提供延迟支付的融资时实行统一的收入分配的方式、没有额外的返利措施激励不同类型零售商真实报告自己的类型，那么将无法实现有效甄别，进而会影响供应商的利润优化目标，不能通过激励机制刺激"高类型"的零售商支付相应的收入给供应商，从而可能使供应商收益减少、利润最大化目标受到负面影响。

为了避免这些问题，需要根据零售商对新产品在终端市场销售前景的预期将零售商分为高、低两类，供应商和零售商对这种预期存在信息不对称。供应商不知道两类零售商销售预期分别是多少，但知道零售商作为高、低两类的概率，因而通过提供菜单合同对两类零售商进行甄别，制定出最优的激励机制。在进行激励机制设计时，菜单合同的决策变量除了供应商从零售商预期收益中分得的部分，还包括给予高、低类型的零售商不同的返利比例，将返利比例作为供应商的又一决策参数引入利润目标函数。

供应链融资过程中，建立激励机制解决上述信息不对称时，还必须考虑到融资成本即资金的时间成本即利率。但在现有研究供应链融资、贸易信用的文献中，相当一部分不考虑融资利息率。但是，以赊账的方式给下游零售商提供免费融资存在诸多问题。首先，供应链融资中，不考虑融资成本并不能准确描述供应链上资金供给方、需求方的各自利润函数和现金流变化；其次，即使考虑到融资成本，但没有考虑到参考利率的波动性，仍不能准确描述各自利润函数和现金流变化。针对现有文献中的不足之处，本书有针对性地加以改进，设计出一套适合供应链内部融资问题中存在信息不对称、并且考虑利率波动的最优激励机制。

## 一、模型参数和基本内容

### (一)相关符号说明

**模型参数**

$\alpha$—高类型的零售商的概率；

$\beta$—起息日参考利率高于协议利率的概率；

$V_H$—高类型零售商的预期收益；

$V_L$—低类型零售商的预期收益；

$i_{cH}$—供应链融资契约中对高类型零售商规定的协议利率；

$i_{cL}$—供应链融资契约中对低类型零售商规定的协议利率；

$i_u$—起息日开始时的参考利率(收利息模式下未来的即期利率，$i_p > i_{cH}$ 时，$i_p = i_u$)；

$i_d$—起息日开始时的参考利率(收利息模式下未来的即期利率，$i_p < i_{cL}$ 时，$i_p = i_d$)；

$i_p$—起息日开始时的参考利率(免费融资模式下未来的即期利率)；

$T_H$—供应商从高类型零售商分得的收益；

$T_L$—供应商从低类型零售商分得的收益；

$r$—供应商给予零售商的返利比例。

## (二)模型基本内容

1.供应链上只有两个参与者，分别是供应商和零售商。进行优化决策时，采用分散决策，供应商和零售商分别独立对自己的决策进行优化。

2.供应商通过提供菜单合同来实现激励机制，包括$(T_H, r)$和$(T_L, 0)$，实现自己利润最大化的同时，既满足零售商的融资需求，又可以甄别出不同类型的零售商，从而降低提供延迟付款融资方式带来的时间成本和利率波动风险。关于返利的设计，供应商为了有效甄别不同类型零售商，会给予真实报告自己类型的高类型($V_H$型)零售商一定比例 $r$ 的返利，而对于低类型($V_L$型)零售商，则没有返利。这种激励机制，可达到遏制高类型零售商伪装成低类型的动机，即 $r \in (0,1)$。

3.供应商和零售商之间存在信息不对称，产品市场预期销售收入的高低是零售商的私人信息。供应商虽然不知道该私人信息的具体值，但知道根据零售商分为高、低两类型的概率为 $\alpha$ 和 $1-\alpha$。

4.考虑利率波动，参考利率$i_u$高于协议利率$i_{cH}$，利息市场出现$i_u$的概率是 $\beta$；参考利率$i_d$低于协议利率$i_{cL}$，利息市场出现$i_d$的概率是 $1-\beta$；不考虑融资成本时，资金的时间成本使用即期利率$i_p$进行计算。设定不同类型零售商面临的协议利率分别是$i_{cH}$ 和 $i_{cL}$，并且$i_{cH} \geq i_{cL}$，但暂不作为供应商的决策变量。

5.零售商是 Stackelberg 博弈的跟随者。

6.供应商和零售商均为风险中立。零售商的效用:预期销售收入 $V$ 扣除支付供应商的部分,如果选择有返利的合约再加上返利。供应商的效用:从零售商处获得的部分 $T$ 扣除利率波动的风险或者资金的时间成本,以及如果给予零售商的返利激励也要一并扣除。其中,$V=\{V_H,V_L\}$,并且$V_H>V_L$。

7.供应商没有在金融市场进行对冲操作。

如图 5.1 所示,上半部分是免利息模式,供应商同意零售商延迟支付货款,无任何利息费用,则供应商的利润目标函数中的资金时间成本仅以起息日当天的参考利率为准;下半部分是收取利息模式,供应商同意零售商延迟付款,但要求零售商支付延迟利息,并在合同订立的交易日当天明确规定两类零售商的不同的协议利率,则此时供应商利润函数中由于延迟收回货款产生的资金时间成本按合同规定利率$i_{cH}$和$i_{cL}$,并结合利率上下波动的两种可能来进行计算。销售合同的订立之时,已确定协议利率,而实际供应链融资行为的发生是在付款期限到期日之时,也就是在合同订立后的一段时间之后才开始发生。这在本质上与远期利率协议的原理非常相似。合同订立日可看作交易日,付款期限到期、供应链融资开始发生的日期可看作起息日(结算日),只不过本书考虑利率波动下的供应链融资中的供应商并不需要在结算日对利息的盈亏差值进行交割。

考虑利率波动,可以更准确地衡量供应商预期利润。协议利率一旦写入合同就不再更改。延迟付款模式下,当计息日当日的参考利率高于协议利率,由利率上升引起的机会成本高于贷款利息收益,供应商利息出现净损失。当计息日当日的参考利率低于协议利率,由利率下降引起的机会成本低于贷款利息收益,供应商利息出现净盈利。需注意,供应商没有通过金融市场的对冲操作控制利率风险。假定供应商同意有偿延迟收款,同时又购买远期利率协议等金融产品对冲风险,为了更加准确地衡量供应商预期利润,需要将金融市场盈亏一并引入利润函数,但是,这样既无法突出所要研究的问题又使计算过长更加复杂化。

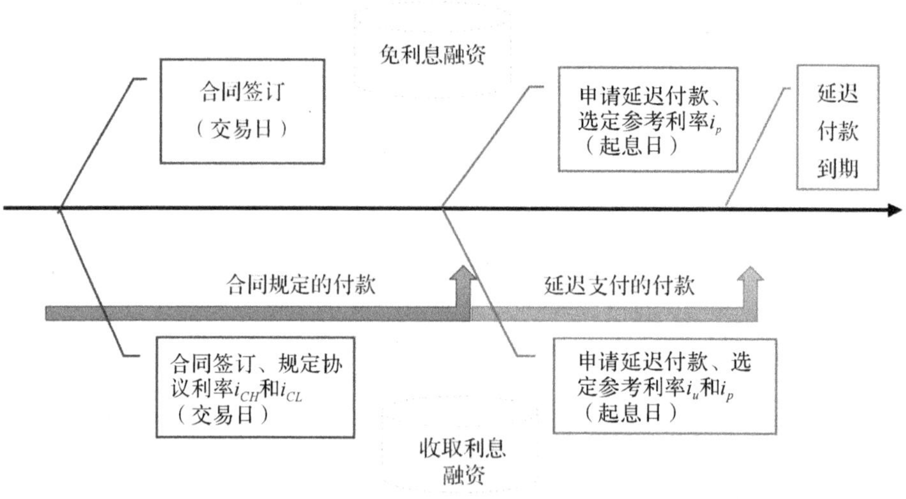


图 5.1　供应商免利息和收取利息的内部融资流程

## 二、不收取利息的激励机制

先考察供应商的问题。供应商的目标是实现利润最大化，在给零售商提供延迟付款的供应链内部融资条件下，其全部利润包括：来自零售商预期可实现的销售收入中的一部分，但没有融资利息收入；而且为了有效甄别不同类型的零售商，供应商还要额外支付一部分返利给零售商，以激励其真实报告自己的类型。在支付返利和销售收入的分配中，供应商进行权衡。所以，此时供应商的利润函数为：

$$\pi_s = \alpha T_H(1-r) + (1-\alpha) T_L$$

再看零售商的问题。对于高类型的零售商，其利润包括从全部销售收入中扣除支付供应商之后的剩余部分$V_H - T_H$，加上来自供应商的额外返利$T_H \times r$，再加上由于免费融资获得的资金时间收益$T_H \times i_p$。这样的激励机制，促使高类型的零售商为了获得额外返利而真实报告自己的类型。为了突出研究激励机制的重点，在衡量零售商利润函数时，没有分别具体讨论批发价、订货量等常见供应链契约参数，而是从整体角度出发直接将预期销售收入分为高、低两类，并在此基础上对零售商类型加以区分。这样既突出了问题，又简化了计算证明过程，所以高类型零售商利润是$V_H - T_H(1-i_p-r)$。对于低类型的零售商，其利润包括从全部销售收入中扣除支付供应商之后的剩余部分，即$V_L-T_L$，再加上由于免费融资而获得的资金时间收益$T_L\times i_p$，没有额外返利收入。所以低类型零售商利润是$V_L-T_L(1-i_p)$。综合上述分析，供应商免费提供延迟支付给零售商，并且将利率引入该种融资模式以此来度量资金的时间成本，以及供应链上存在着信息不对称，上述问题总结为如下模型$P^{\Delta}$：

$$\max_{T_H,T_L,r} \alpha T_H(1-r)+(1-\alpha)T_L \tag{5.1}$$

$$\text{s.t.}\ V_H-T_H(1-i_p-r)\geqslant V_H-T_L(1-i_p) \tag{5.2}$$

$$V_L-T_L(1-i_p)\geqslant V_L-T_H(1-i_p-r) \tag{5.3}$$

$$V_L-T_L(1-i_p)\geqslant 0 \tag{5.4}$$

$$V_H-T_H(1-i_p-r)\geqslant 0 \tag{5.5}$$

$$T_H\leqslant V_H-T_L(1-i_p) \tag{5.6}$$

高类型零售商支付更多报酬给供应商，所以供应商利润最大化的研究侧重激励高类型零售商真实报告自己的类型并对供应商进行支付，避免其为获取信息租金而隐藏自己的真实类型，因此这种方法能够将高类型零售商从低类型中甄别出来，从而约束(5.2)、(5.4)、(5.6)均要取到边界，否则供应商可以分别通过提高$T_H$和$T_L$来增加利润，直到不等式约束取到边界。其中，不等式(5.2)、(5.3)是激励相容约束，供应商通过给出返利激励$T_H\times r$，保证高类型零售商不会伪装成低类型，从而逃避支付较高的$T_H$给供应商，如果他说谎则不会得到该激励，$T_H\times r$便成为高类型零售商说谎的机会成本。为了更清晰地说明问题，对约束(5.2)做变换得到

$$V_H-T_H(1-i_p)\geqslant V_H-T_L(1-i_p)-T_H\times r \tag{5.7}$$

不等式(5.7)右侧可看作是高类型零售商伪装后的效用，其中负数部分$-T_H\times r$是伪装后的机会成本，也可以视为对伪装成低类型的零售商的“惩罚”。按最大惩罚原则，供应商只有加大惩罚力度，使不等式(5.7)的右侧尽可能小即伪装后的零售商效用尽可能地小，才能使(5.7)左侧的真实类型的效用更容易大于右侧的伪装效用。约束条件(5.6)就是为了这个目的而存在，它是供应商加大惩罚力度的手段方法。进一步解释约束(5.6)的作用：由于约束(5.6)为紧的(非松弛约束)，因而大于等于的所有集合里，应取边界“等号”的情况，所以将公式$T_H=V_H-T_L(1-i_p)$代入不等式(5.7)右侧之后，其右侧伪装后的高类型零售商的效用变为$T_H(1-r)$；又由于假设$r\in(0,1)$，$r$

不可能取到 1，所以 $T_H(1-r)>0$ 一定成立。这样，当激励相容约束的变形约束(5.7)取到边界时，可以保证左侧真实报告自己类型的高类型零售商的效用一定为正，而不是零或负数，进而保证激励机制的设计更加合情合理、符合实际。

不等式(5.4)、(5.5)是零售商的参与约束。不等式(5.6)与约束(5.2)相关。(5.3)是低类型零售商的激励相容约束，供应商认为没必要在激励高类型零售商的同时也激励低类型零售商，因为低类型零售商只能给供应商提供较低的支付；而且如果采取对两种类型零售商同时激励的政策，也会因为返利策略而产生更多激励成本，所以这个约束条件是非紧的；(5.5)是高类型零售商的参与约束，是冗余条件，并且稍后证明可自动满足。以上约束均无须取到边界，可暂时搁置。但为了保证所有分析设计有效，求解后需要验证这些搁置的约束是否能够得到满足。

对模型 $P^{\Delta}$ 求最优解，建立拉格朗日函数

$$Z=\alpha T_H(1-r)+(1-\alpha)T_L-\lambda_1[T_H(1-i_p-r)-T_L(1-i_p)] \\ -\lambda_2[T_L(1-i_p)-V_L]-\lambda_3[T_H+T_L(1-i_p)-V_H] \tag{5.8}$$

分别对 $T_H$，$T_L$，$r$ 和 $\lambda_1$，$\lambda_2$，$\lambda_3$ 求导，根据库恩塔克条件，得到如下方程：

$T_H\dfrac{\partial Z}{\partial T_H}=0$，$T_H>0$，则

$$\frac{\partial Z}{\partial T_H}=\alpha(1-r)-\lambda_1(1-i_p-r)-\lambda_3=0 \tag{5.9}$$

$T_L\dfrac{\partial Z}{\partial T_L}=0$，$T_L>0$，则

$$\frac{\partial Z}{\partial T_L}=(1-\alpha)+\lambda_1(1-i_p)-\lambda_2(1-i_p)-\lambda_3(1-i_p)=0 \tag{5.10}$$

$r\dfrac{\partial Z}{\partial r}=0$，$r>0$，则

$$\frac{\partial Z}{\partial r}=(\lambda_1-\alpha)\times T_H=0 \tag{5.11}$$

$$\frac{\partial Z}{\partial \lambda_1}=T_H(1-i_p-r)-T_L(1-i_p)=0 \tag{5.12}$$

$$\frac{\partial Z}{\partial \lambda_2}=T_L(1-i_p)-V_L=0 \tag{5.13}$$

$$\frac{\partial Z}{\partial \lambda_3}=T_H+T_L(1-i_p)-V_H=0 \tag{5.14}$$

联立上述 6 个方程，求得

$$\text{最优解：}\begin{cases} T_H^{\triangle}=V_H-V_L \\ T_L^{\triangle}=\dfrac{V_L}{1-i_p} \\ r^{\triangle}=1-i_p-\dfrac{V_L}{V_H-V_L} \end{cases}$$

由于原目标函数是求解最大值问题，只要证明 $\pi_s=\pi T_H(1-r)+(1-\pi)T_L$ 是凹函数，并且 $-[T_H(1-i_p-r)-T_L(1-i_p)]$，$-[T_L(1-i_p)-V_L]$，以及函数 $-[T_H+T_L(1-i_p)-V_H]$ 均为凸函数，就可以说明库恩塔克条件是极大值的充要条件，即上述所得是最优解。

首先，证明 $\pi_s$ 是凹函数。$\pi_s=\alpha T_H(1-r)+(1-\alpha)T_L$，把 $\pi_s$ 分成两部分，其中 $(1-\pi)T_L$ 是线性函数，既是凸函数又是凹函数；因而只需要证明 $\alpha T_H(1-r)$ 具有凹性，再根据凸(凹)函数的性质，两个凸(凹)函数相加仍为凸(凹)函数，就可以得到 $\pi_s$ 为凹性。令 $x=T_H$，$y=r$，$y\in(0,1)$，所以有

$$f(x,y)=x(1-y)$$

$f(x,y)$ 在开区域 $D$ 内的两个偏导数 $\dfrac{\partial f(x,y)}{\partial x}=(1-y)>0$，$\dfrac{\partial f(x,y)}{\partial y}=-x<0$ 存在且连续，对于任意的 $(x_1,y_1)\in D$，$(x_2,y_2)\in D$，有

$$\begin{aligned}&\frac{\partial f(x_2,y_2)}{\partial x}\times(x_1-x_2)+\frac{\partial f(x_2,y_2)}{\partial y}\times(y_1-y_2)+f(x_2,y_2)\\&=x_1(1-y_2)+x_2(1-y_1)-x_2(1-y_2)\end{aligned}$$

结合 $f(x_1,y_1)=x_1y_1$，进一步考察下面式子的符号：

$$\begin{aligned}&f(x_1,y_1)-\frac{\partial f(x_2,y_2)}{\partial x}\times(x_1-x_2)-\frac{\partial f(x_2,y_2)}{\partial y}\times(y_1-y_2)-f(x_2,y_2)\\&=(x_1-x_2)(y_2-y_1)<0\end{aligned}$$

这就说明，当 $x_1>x_2$，$y_1>y_2$ 时，或者当 $x_1<x_2$，$y_1<y_2$ 时，有下面不等式成立：

$$f(x_1,y_1)<\frac{\partial f(x_2,y_2)}{\partial x}\times(x_1-x_2)+\frac{\partial f(x_2,y_2)}{\partial y}\times(y_1-y_2)+f(x_2,y_2)$$

即 $f(x,y)$ 是凹函数的充要条件成立。根据二元函数凸凹性的判定定理，判定 $f(x,y)=x(1-y)$ 是严格凹函数。

然后需要证明以下几部分(若看作决策变量的函数)也具有凸的性质，包括：

$$\begin{cases} -[T_H(1-i_p-r)-T_L(1-i_p)] \\ -[T_L(1-i_p)-V_L] \\ -[T_H+T_L(1-i_p)-V_H] \end{cases}$$

函数$-[T_H(1-i_p-r)-T_L(1-i_p)]$可以转换为$T_H(r-1+i_p)-T_L(1-i_p)$，那么按照之前的方法，只看函数中的$T_Hr$部分，如果能够证明该部分的凸性，结合后两部分均为线性，那么就可以得到整个函数也是凸性。同样，令$x=T_H, y=r, f(x,y)=xy$。$f(x,y)$在开区域$D$内的两个偏导数$\frac{\partial f(x,y)}{\partial x}=y, \frac{\partial f(x,y)}{\partial y}=x$存在且连续，对任意$(x_1,y_1)\in D,(x_2,y_2)\in D$，有

$$\frac{\partial f(x_2,y_2)}{\partial x}\times(x_1-x_2)+\frac{\partial f(x_2,y_2)}{\partial y}\times(y_1-y_2)+f(x_2,y_2)$$

$$=x_2(y_1-y_2)+x_1y_2$$

结合$f(x_1,y_1)=x_1y_1$，进一步考察下面式子的符号：

$$f(x_1,y_1)-\left[\frac{\partial f(x_2,y_2)}{\partial x}\times(x_1-x_2)+\frac{\partial f(x_2,y_2)}{\partial y}\times(y_1-y_2)+f(x_2,y_2)\right]$$

$$=(x_1-x_2)(y_1-y_2)>0$$

当$x_1>x_2, y_1>y_2$时，或者当$x_1<x_2, y_1<y_2$时，上述不等式成立。所以：

$$f(x_1,y_1)-\left[\frac{\partial f(x_2,y_2)}{\partial x}\times(x_1-x_2)+\frac{\partial f(x_2,y_2)}{\partial y}\times(y_1-y_2)+f(x_2,y_2)\right]>0$$

$$f(x_1,y_1)>\frac{\partial f(x_2,y_2)}{\partial x}\times(x_1-x_2)+\frac{\partial f(x_2,y_2)}{\partial y}\times(y_1-y_2)+f(x_2,y_2)$$

因而$f(x,y)$是严格凸函数，即$T_Hr$部分是严格凸函数成立。再根据之前分析，由于$-[T_H(1-i_p-r)-T_L(1-i_p)]$是凸函数，其余部分均是线性函数，可直接看作是严格凸函数。

综上，原模型$P^{\Delta}$就是凸规划，因而库恩塔克条件是所得解$T_H^{\Delta}=V_H-V_L$，$T_L^{\Delta}=\frac{V_L}{1-i_p}$，$r^{\Delta}=1-i_p-\frac{V_L}{V_H-V_L}$作为原非线性规划问题$P^{\Delta}$的最优解的充要条件，并验证之前搁置的非紧的约束(5.5)、(5.3)。由约束(5.2)和(5.4)有

$$V_H-T_H(1-i_p-r)\geqslant V_H-T_L(1-i_p)>V_L-T_L(1-i_p)\geqslant 0$$

所以有约束(5.5)成立。然后，对约束(5.3)变形处理：

$$-T_L(1-i_p)\geqslant -T_H(1-i_p-r)$$

也就是说，如果$T_L(1-i_p)\leqslant T_H(1-i_p-r)$能够成立，则约束(5.3)得

到满足。将$T_H^{\Delta}=V_H-V_L$，$T_L^{\Delta}=\dfrac{V_L}{1-i_p}$，$r^{\Delta}=1-i_p-\dfrac{V_L}{V_H-V_L}$代入变形后的不等式得到：左边$\dfrac{V_L}{1-i_p}(1-i_p)=V_L$，右边$(V_H-V_L)\times\dfrac{V_L}{V_H-V_L}=V_L$，即左右相等的结果，所以原不等式(5.3)也满足，则库恩塔克条件给出的就是最优解。

## 三、利率波动下收取利息的激励机制

供应商的目标是实现利润最大化，其全部利润中包括来自零售商预期可实现的销售收入中的一部分：$T_H$和$T_L$，加上按合同规定的协议利率向零售商收取的利息，再加上交易日与起息日之间存在的时间差所导致的该时间段内可能出现的利率波动给供应商造成的盈亏变动，即

$$\alpha\left\{\beta\frac{T_H}{1+i_{cH}}[1-(i_u-i_{cH})]+(1-\beta)\frac{T_H}{1+i_{cH}}(1+i_{cH}-i_d)\right\}$$
$$+(1-\alpha)\left[\beta\frac{T_L}{1+i_{cL}}(1+i_{cL}-i_u)-(1-\beta)\frac{T_L}{1+i_{cL}}(1+i_{cL}-i_d)\right]\tag{5.15}$$

也应该进入到供应商利润函数，公式(5.15)中的前半部分，根据假设此时利率上涨，预期实际利率高于合同规定的协议利率$i_u>i_{cH}$，所以利率上涨时供应商产生净损失为：$-(i_u-i_{cH})$；公式(5.15)中的后半部分，根据假设此时利率下跌，预期实际利率低于合同规定的协议利率$i_d<i_{cH}$，所以利率上涨时供应商产生净收益为：$+(i_{cL}-i_u)$。同样，为了进行有效甄别，需要支付高类型零售商一部分返利$T_H\times r$作为激励其真实报告自己类型的措施。整理公式(5.15)得到：

$$\alpha T_H\left(1-\frac{\beta i_u+(1-\beta)i_d}{1+i_{cH}}\right)+(1-\alpha)T_L\left(1-\frac{\beta i_u+(1-\beta)i_d}{1+i_{cL}}\right)\tag{5.16}$$

为简化计算过程，令$i_w=\beta i_u+(1-\beta)i_d$，结合式(5.16)得到供应商此时的利润函数为

$$\pi_s=\alpha T_H\left(1-\frac{i_w}{1+i_{cH}}\right)+(1-\alpha)T_L\left(1-\frac{i_w}{1+i_{cL}}\right)$$

再看零售商的问题。对于高类型的零售商，其利润包括从全部销售收入中扣除支付供应商之后的剩余部分：$V_H-T_H$（$T_H$含利息），加上来自

供应商的额外返利$T_H \times r$，再加上考虑利率变动后支付供应商的利息净盈亏$\frac{T_H}{1+i_{cH}} \times i_w$。所以高类型零售商利润是：$V_H - T_H\left(1-\frac{i_w}{1+i_{cH}}-r\right)$。对于低类型的零售商，其利润包括从全部销售收入中扣除支付供应商之后的剩余部分：$V_L - T_L$（$T_L$含利息），加上考虑利率变动后支付供应商的利息净盈亏$\frac{T_L}{1+i_{cL}} \times i_w$，没有额外返利收入。所以低类型零售商利润是：$V_L - T_L\left(1-\frac{i_w}{1+i_{cL}}\right)$。综合上述分析，供应商在免费提供延迟支付给零售商的内部融资中，并考虑提供免费的内部融资带来的资金时间成本，问题总结为如下模型$P^*$。

$$\max_{T_H, T_L, r} \alpha T_H\left(1-\frac{i_w}{1+i_{cH}}-r\right)+(1-\alpha) T_L\left(1-\frac{i_w}{1+i_{cL}}\right) \tag{5.17}$$

$$\text{s.t. } V_H - T_H\left(1-\frac{i_w}{1+i_{cH}}-r\right) \geqslant V_H - T_L\left(1-\frac{i_w}{1+i_{cL}}\right) \tag{5.18}$$

$$V_L - T_L\left(1-\frac{i_w}{1+i_{cL}}\right) \geqslant V_L - T_H\left(1-\frac{i_w}{1+i_{cH}}-r\right) \tag{5.19}$$

$$V_L - T_L\left(1-\frac{i_w}{1+i_{cL}}\right) \geqslant 0 \tag{5.20}$$

$$V_H - T_H\left(1-\frac{i_w}{1+i_{cH}}-r\right) \geqslant 0 \tag{5.21}$$

$$T_H \leqslant V_H - T_L\left(1-\frac{i_w}{1+i_{cL}}\right) \tag{5.22}$$

对模型$P^*$求最优解，(5.18)、(5.20)、(5.22)三个不等式约束条件均要取到边界，否则供应商可以分别通过提高$T_H$和$T_L$来增加利润，直到不等式约束取到边界。同样，根据之前对模型$P^{\Delta}$的分析，供应商没必要激励低类型零售商真实报告自己类型，所以约束(5.19)是非紧的不用取到边界；(5.21)是高类型零售商的参与约束不用取边界，两个非紧的约束暂时搁置，稍后验证是否能够满足。建立拉格朗日函数：

$$\begin{aligned} Z = & \alpha T_H\left(1-\frac{i_w}{1+i_{cH}}-r\right)+(1-\alpha) T_L\left(1-\frac{i_w}{1+i_{cL}}\right) \\ & -\lambda_1\left[T_H\left(1-\frac{i_w}{1+i_{cH}}-r\right)-T_L\left(1-\frac{i_w}{1+i_{cL}}\right)\right] \\ & -\lambda_2\left[T_L\left(1-\frac{i_w}{1+i_{cL}}\right)-V_L\right]-\lambda_3\left[T_H+T_L\left(1-\frac{i_w}{1+i_{cL}}\right)-V_H\right] \end{aligned} \tag{5.23}$$

分别对$T_H$,$T_L$,$r$,和$\lambda_1$,$\lambda_2$,$\lambda_3$求导,根据库恩塔克条件,得到如下方程:

$T_H \times \frac{\partial Z}{\partial T_H}=0, T_H>0$,则

$$\frac{\partial Z}{\partial T_H}=\alpha\left(1-\frac{i_w}{1+i_{cH}}-r\right)-\lambda_1\left(1-\frac{i_w}{1+i_{cH}}-r\right)-\lambda_3=0 \tag{5.24}$$

$T_L \frac{\partial Z}{\partial T_L}=0, T_L>0$,则

$$\frac{\partial Z}{\partial T_L}=[(1-\alpha)+\lambda_1-\lambda_2-\lambda_3]\left(1-\frac{i_w}{1+i_{cL}}\right)=0 \tag{5.25}$$

$r\frac{\partial Z}{\partial r}=0, r>0$,则

$$\frac{\partial Z}{\partial r}=(\lambda_1-\alpha)T_H=0 \tag{5.26}$$

$$\frac{\partial Z}{\partial \lambda_1}=T_H\left(1-\frac{i_w}{1+i_{cH}}-r\right)-T_L\left(1-\frac{i_w}{1+i_{cL}}\right)=0 \tag{5.27}$$

$$\frac{\partial Z}{\partial \lambda_2}=T_L\left(1-\frac{i_w}{1+i_{cL}}\right)-V_L=0 \tag{5.28}$$

$$\frac{\partial Z}{\partial \lambda_3}=T_H+T_L\left(1-\frac{i_w}{1+i_{cL}}\right)-V_H=0 \tag{5.29}$$

联立上述六个方程,求得

$$\text{最优解为:}\begin{cases} T_H^*=V_H-V_L \\ T_L^*=\dfrac{V_L}{1-\dfrac{i_w}{1+i_{cL}}} \\ r^*=1-\dfrac{i_w}{1+i_{cH}}-\dfrac{V_L}{V_H-V_L} \end{cases}$$

$P^*$模型是在$P^\triangle$的基础上,引入描述利率变动的参数,但由于该类参数不是决策变量,所以模型求解过程与之前相似。所以运用模型$P^\triangle$中证明最优解的方法,同样可以得出上述即为最优解的结论。验证之前搁置的非紧的约束(5.19)、(5.21)。由约束(5.18)和(5.20)有:

$$\begin{aligned} V_H-T_H\left(1-\frac{i_w}{1+i_{cH}}-r\right) &\geqslant V_H-T_L\left(1-\frac{i_w}{1+i_{cL}}\right) \\ &>V_L-T_L\left(1-\frac{i_w}{1+i_{cL}}\right)\geqslant 0 \end{aligned}$$

所以有约束(5.21)成立。然后,对约束(5.19)变形处理:

$$-T_L\left(1-\frac{i_w}{1+i_{cL}}\right)\geqslant -T_H\left(1-\frac{i_w}{1+i_{cH}}-r\right)$$

如果$T_L\left(1-\frac{i_w}{1+i_{cL}}\right)\leqslant T_H\left(1-\frac{i_w}{1+i_{cH}}-r\right)$能够成立，则约束(5.1)得到满足。将$T_H^*=V_H-V_L$，$T_L^*=\frac{V_L}{1-\frac{i_w}{1+i_{cL}}}$，$r^*=1-\frac{i_w}{1+i_{cH}}-\frac{V_L}{V_H-V_L}$，代入变形后的不等式得到：左边$\frac{V_L}{1-\frac{i_w}{1+i_{cL}}}\left(1-\frac{i_w}{1+i_{cL}}\right)=V_L$，右边$(V_H-V_L)\times\frac{V_L}{V_H-V_L}=V_L$，即左右相等的结果，所以原不等式(5.19)也满足，则库恩塔克条件给出的就是最优解。

## 四、两类内部融资激励机制的比较

### （一）信息不对称时两种融资激励机制的比较分析

从表5.1可以看出，无论供应商是否为延迟支付向零售商收取利息费用，在信息不对称时，来自高类型零售商的支付相等。

**表5.1 供应商在两种融资模式下的决策变量和预期利润比较**

| 模型 | 最优解 | | | |
|---|---|---|---|---|
| | 来自高类型零售商的支付 | 来自低类型零售商的支付 | 供应商给予高类型零售商的返利比例 | 供应商的期望利润 |
| $P^\Delta$ | $T_H^\Delta=V_H-V_L$ | $T_L^\Delta=\frac{V_L}{1-i_p}$ | $r^\Delta=1-i_p-\frac{V_L}{V_H-V_L}$ | $\pi_s^\Delta=\alpha(1-r)T_H+(1-\alpha)T_L=\alpha(V_H-V_L)\times\left(i_p+\frac{V_L}{V_H-V_L}\right)+(1-\alpha)\frac{V_L}{1-i_p}$ |
| $P^*$ | $T_H^*=V_H-V_L$ | $T_L^*=\frac{V_L}{1-\frac{i_w}{1+i_{cL}}}$ | $r^*=1-\frac{i_w}{1+i_{cH}}-\frac{V_L}{V_H-V_L}$ | $\pi_s^*=\alpha T_H\left(1-\frac{i_w}{1+i_{cH}}-r\right)+(1-\alpha)T_L\left(1-\frac{i_w}{1+i_{cL}}\right)=V_L$ |

对于来自低类型零售商的支付，如果满足$i_p \geqslant \frac{i_w}{1+i_{cL}}$，则$T_L^{\triangle} \geqslant T_L^*$，即免费提供融资模式下低类型零售商的支付，高于有利息融资模式下低类型零售商的支付。又因为$i_{cH} \geqslant i_{cL}$，则$\frac{i_w}{1+i_{cL}} \geqslant \frac{i_w}{1+i_{cH}}$，即$i_p \geqslant \frac{i_w}{1+i_{cL}} \geqslant \frac{i_w}{1+i_{cH}}$，有$r^{\triangle} \leqslant r^*$成立，即免费提供融资模式下的返利少于有利息融资模式下的返利。说明相对于有利息的融资模式，该条件$i_p \geqslant \frac{i_w}{1+i_{cL}} \geqslant \frac{i_w}{1+i_{cH}}$下的免费融资模式中，供应商可以收到更多来自低类型零售商的支付，同时减少对高类型零售商返利的支出。

如果$i_p \leqslant \frac{i_w}{1+i_{cH}}$，则$T_L^{\triangle} \leqslant T_L^*$，又因为$\frac{i_w}{1+i_{cL}} \geqslant \frac{i_w}{1+i_{cH}} \geqslant i_p$，有$r^{\triangle} \geqslant r^*$成立。说明相对有利息的融资模式，该条件$\frac{i_w}{1+i_{cL}} \geqslant \frac{i_w}{1+i_{cH}} \geqslant i_p$下的免费融资模式中，供应商收到的来自低类型零售商的支付较少；同时，只有增加对高类型零售商返利的支出，才能达到高类型零售商真实报告的目的，并进行有效甄别。

通过对$\pi_s^{\triangle}$和$\pi_s^*$做差进行分析，根据表5.1结果和已知假定条件，一定有下面结论成立：

$$\pi_s^{\triangle} - \pi_s^* = \left[\alpha(V_H - V_L) \times \left(i_p + \frac{V_L}{V_H - V_L}\right) + (1-\alpha)\frac{V_L}{1-i_p}\right] - V_L$$

$$= \alpha i_p (V_H - V_L) + (1-\alpha)\frac{V_L i_p}{1-i_p} > 0$$

即$\pi_s^{\triangle} > \pi_s^*$。因此，存在信息不对称，并且引入资金的时间成本以及利率波动的情境下，免费提供融资模式带给供应商的预期利润一定高于收取利息模式时供应商的预期利润，因而满足上述假定前提时，供应商应该选择免费融资模式给零售商提供融资。

## （二）算例分析

虽然$i_p$、$i_{cH}$、$i_{cL}$不是模型中的决策变量，但对两种融资模式下影响供应商期望利润的比较，是基于与这些利率相关的不等式条件，而且两模型中的决策变量$T_H$、$T_L$、$r$，实际上都是这些利率的函数。数值算例中以$i_p$的变化为基础，探讨期望利润随利率的变动而发生的变化，如表5.2所示。

表 5.2　两种融资模式下供应商预期利润比较

| $i_p$ | $\pi_s^{\Delta}$ | $\pi_s^{*}$ |
|---|---|---|
| 0.03 | 32.53113402 | 30 |
| 0.035 | 32.95523316 | 30 |
| 0.04 | 33.38 | 30 |
| 0.045 | 33.80544503 | 30 |
| 0.05 | 34.23157895 | 30 |
| 0.055 | 34.6584127 | 30 |
| 0.06 | 35.08595745 | 30 |
| 0.065 | 35.5142246 | 30 |
| 0.07 | 35.94322581 | 30 |

所以，为了能够直观清晰地反映供应商期望利润在不同融资模式下的走势，如图 5.2 所示，两条利润曲线分别代表供应商收取利息和不收取利息两种情境下的利润曲线。其中位于上方呈递增走势的为信息不对称时无息利贸易信用下的供应商的利润曲线，该条曲线与下方收取利息时供应商的利润曲线之间垂直距离较大，可见信息不对称下以利润最大化为目标的供应商通过激励机制设计，可以获得比收取利息时更多的期望利润。因为供应商提供无息放贷时，虽然表面上损失一部分利息收益，但正是由于无息放贷降低了下

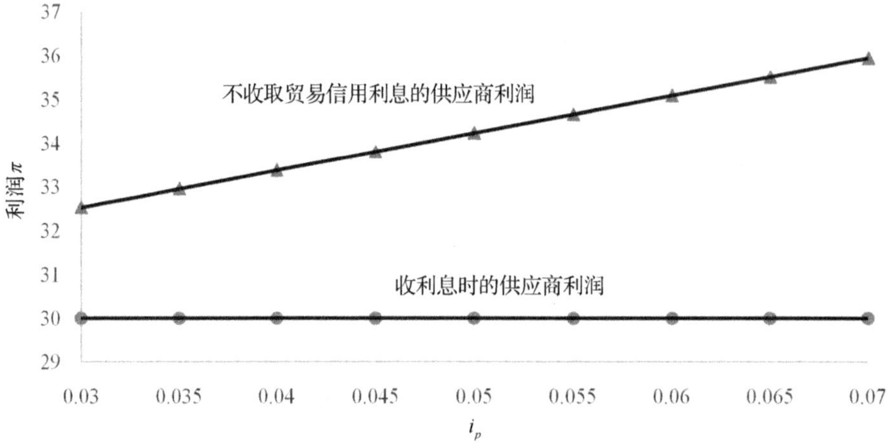


图 5.2　两种融资模式下的供应商预期利润走势

游经销商的融资成本，所以极大激励经销商更多订货，因而供应商的销售量增加，而供应商增加的销售收入远超过放弃利息收益的损失，因此无息放贷时的供应商利润更高。图 5.2 与表 5.2 中的数据相对应。

## 第二节 银行信用中的信息不对称与激励机制

银行信用中的信息不对称问题一直以来都是资金借贷市场关注的焦点。控制贷款风险从来都是银行等金融机构的首要目标。银行执行放贷决策之前，需要对贷款申请企业进行十分严格的资信审查。尤其是涉及跨境贸易结算时的企业借款申请审核更为严格。用于跨境贸易的结算方式典型的有汇款、托收、信用证（letter of credit，简称 L/C）。信用证业务是典型的银行信用，出口商发货之后银行审单无误，无论进口商是否同意收货，均由开证银行承担第一性付款责任将货款偿付给出口商。本节以 L/C 为例，阐述银行信用中的信息不对称问题。

### 一、基本问题

供应商和经销商双方间的交易，无论处于境内还是跨境交易，都共处于一条供应链的两个节点上，因此二者分别被称为该供应链的上游和下游，即卖方和买方。双方制定的销售合同必要条款中总是包含结算条款。当买卖双方互相不熟悉并且涉及合同金额巨大时，出口商的风险防范是贸易理论及实践领域的重点研究问题之一。进出口交易中的出口商，由于同进口商异地而处，所以不能随时便利地对货物运输、清关、收货和重要商业单据进行有效的监控，因而在贸易实践中，常会面临出货后无法顺利收回货款，或无法足额收回货款，甚至是钱货两空的困境。所以，在跨境的进出口贸易，尤其是大额进出口贸易中，一般双方会协商使用信用证进行结算。贸易惯例做法之一是由下游经销商向开证行申请开立信用证，开证行向供应商或称信用证受益人提供银行信用作为付款担保，既能解决下游经销商的融资约束问题，又可以降低上游供应商的钱货两空的风险。L/C 是以银行信用为基础的结算方式，因而相对于其他以商业信用为基础的方式，更受到供应商的青睐。而且银行参与供应链的运作，可以有效地解决供应链节点企业出现的资金约束问题。

在分散决策下，应该分别从不同角度具体分析双方的利弊得失，权衡之后找到各自的最优化决策。图 5.3 阐述了信用证业务的流程。

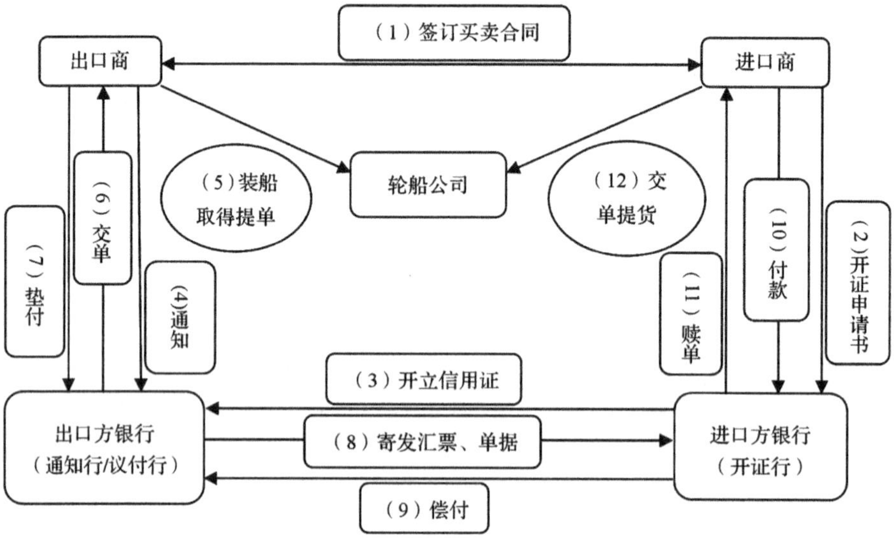


图 5.3　信用证业务的流程

然而，信用证的申请人即供应链上的经销商的资质参差不齐，当开证银行同意开立 L/C 向受益人承担第一性付款责任后，市场需求风险以及来自申请人(经销商)的信用风险就转嫁给了开证行，并且由于信息不对称的存在，开证行需要对 L/C 的开证申请人进行严格的资质审查，将申请人分为“好”“坏”两种类型。有时，“好的申请人”为了将自己与“坏的申请人”明确区分开来，会主动向开证行提供有价值的抵押物作为信号，以便银行能够快速定位自己的类型，更高效地获取 L/C 额度。申请人向开证银行申请开立信用证的阶段，L/C 申请人作为 Stackelberg 博弈中的领导者，以自身利润分享比例作为决策变量，同时以主动向开证行提供的抵押物价值作为又一决策变量，通过信号模型实现利润最大化目标；在 L/C 受益人(供应商)和 L/C 开证申请人(经销商)订立销售合同的阶段，供应商是 Stackelberg 博弈中的领导者，经销商是跟随者，根据供应商给定的批发价格来制定最优订货量，以实现利润最大化目标。贸易流程的顺序首先是供应商和经销商签订销售合同，然后进入申请开立信用证阶段，但是进行动态博弈的过程中，为了找到完美均衡的最优解需要采用逆向归纳法，从最后的阶段开始博弈找到子博弈阶段的最优解后，再逆向倒推回初始阶段找到全部决策变量的最优均衡解。

## 二、银行信用下的信息不对称模型

### （一）模型基本描述

1. 本书使用供应链契约中最常见的普通批发价契约的基本模型。供应商、经销商及银行均是风险中立。经销商只能用销售收入偿还银行借款。

2. 采用分散决策实现目标利润最大化，经销商根据与银行博弈后形成的利润分享比例和抵押物价值以及给定的批发价，决定最优订货量。

3. 开证银行作为又一个参与人进入销售渠道，与供应链上“报童型”经销商展开资金借贷博弈行为。通过提供 L/C 融资服务分享渠道利润。

4. 开证行与开证申请人之间存在信息不对称，开证行不清楚申请人的类型。申请人的类型划分依据是根据不同申请人对产品的市场需求状况的了解程度及销售渠道的便利性、经销商自身实力等因素，申请人的类型是申请人的私人信息。

5. 研究分为两个阶段。我们为找均衡点采用逆向归纳法，先从第二个阶段开始，申请人提供抵押物，通过与开证银行的信号博弈实现自身利润最大化的同时，找到最优抵押物的价值以及与开证行之间的利润分配方案；然后倒推到第一个阶段，经销商是 Stackelberg 博弈的跟随者，分散决策下找到最优订货决策。

6. 需求具有随机性、连续性，需求分布函数 $h(x)$ 具有 $IFR$（递增的失败率）性质，$h(x)=f(x)/\overline{F}(x)$，$\overline{F}(x)=1-F(x)$。

### （二）模型参数和决策变量

**1. 模型参数**

$w$—批发价；

$c$—供应商生产成本；

$p$—零售价（为便于计算，假定 $p=1$，并且 $p>w>s>0$）；

$R$—从销售收入中扣除采购成本后的利润；

$v$—好的申请人取得销售高额利润的概率；

$u$—坏的申请人取得销售高额利润的概率；

$\beta$—银行对提交的抵押物价值给出的折扣系数，$\beta \in (0,1)$；

$r_f$—无风险收益率；

$\pi_B$— 银行利润；

$\pi_R$— 经销商利润；

$\pi_S$— 供应商利润；

$q$—订货量；

$\varphi$—经销商所占的毛利润分成比例(毛利＝销售收入－采购成本)；

$C$—开证申请人向开证行提供的抵押物的价值。

**2. 模型假定**

$F(x)$－需求 $D$ 分布函数，具有分布密度函数 $f(x)$，$\overline{F}(x)=1-F(x)$。

## 三、L/C 申请开立阶段的信号传递模型及求解

采用逆向倒推的方法，需要从贸易流程的第二阶段信用证的申请开立进行分析。本阶段的前提事件为：经销商与供应商已签订了进出口销售合同，经销商开始考虑如何为采购所需的款项融资。通过之前的阐述，本书的研究立足于通过信用证的方式完成贸易结算。借款企业在向银行等金融机构融资时，通常面临着银企间信息不对称导致经销商无法顺利取得银行的信用证额度的情况。银企间的信息不对称，通常包括：银企间对待融资项目的前景不对称、银行无法准确评估借款企业的信用等级等，所以银行等金融机构对贷出的款项面临着无法收回的风险。可将经销商向银行申请的贷款(信用证额度)看成银行的一笔投资。银行进行该项投资进行项目收益估算时，至少要保证能够收回该项投资的本金和资本市场平均收益。银行无法观察谁是好企业、谁是不好的企业。利用信息不对称问题解决此类问题，可以有多种方法。比如信用证的申请人即资金的需求方，当资金需求方以借款人身份(借款人)主动发出信号，使银行贷款人根据借款人发出的信号，有效解决 L/C 资信审查时的信息不对称问题。可选用提供银行认可的抵押担保品作为信号，由银行进行价值评估，这是成功获得银行信用证的重要砝码。

“好的申请人”，会向开证行提供一定价值的抵押物 $C$。抵押物的作用，一方面作为一种信号，银行凭此信号将“好申请人”和“坏申请人”进行区分；另

一方面，一旦市场需求发生逆转，致使借款购入的商品在市场出现滞销，信用证项下的贷款金额无法收回，银行可以将申请人提供的有价值的抵押物进行变卖，以尽可能降低损失。抵押物 $C$ 是开证申请人(经销商)的决策变量之一。应该指出，银行在评估申请人提供的抵押物价值时并不是完全按照申请人提供的申报价值评定，而是结合评估系数 $\beta$ 对抵押物的价值进行折价评估处理。除了 $C$，开证申请人(经销商)的另一决策变量是 $\varphi$，它是将销售收入扣除支付供应商采购货款后的利润在开证申请人和开证行之间进行划分的依据。

申请开立信用证时，如果“好申请人”没有向银行提供“信号”，“坏申请人”可以轻易地、无成本地伪装成“好申请人”取得开证行的信用证融资额度。提供抵押品后，“好申请人”通过选择适当价值的抵押品，既可以保证银行至少收回贷款的本金，又可以避免“坏申请人”的伪装。这时关于开立信用证的申请，存在着分离均衡合同：$(\varphi^*, C^*)$和$(\varphi=1, C=0)$。前一组均衡表示“好申请人”制定的与开证行间的优化契约；后一组均衡意味着“坏申请人”不会提供抵押物，因而不会取得银行开立的信用证。任何偏离均衡合同的行为都被视为“坏申请人”的行为。不同类型的申请人，其取得市场销售利润的状况应为高、低两种，高或低的利润状况对应不同的概率。“好申请人”取得销售高利润的概率为 $v$，这里的 $v$ 不能等同于需求大于订货量的概率$\overline{F}(q)$，因为即使市场需求足以消化经销商库存的商品，如果不满足一定的前提条件，销售收入也无法按照理想状态实现，这些前提包括：经销商和消费者之间的销售渠道通畅，销售网络足以覆盖市场需求，消费者偏好在销售期内保持稳定，经销商和消费者之间无信息不对称，因此对应销售高利润的状态 $v$ 时使用期望利润 $R$ 进行目标优化，根据对 $v$ 的假定可知取得低利润的概率是 $1-v$。“坏申请人”取得销售高利润的概率为 $u$，取得低利润的概率是 $1-u$，为与实际相符，这里假定 $v>u$。

这里假定资本市场完全竞争，所以通过 $L/C$ 业务取得盈利的开证银行只能获得资金市场的平均收益率$r_f$，即开证行最低的保留效用是$\tilde{I}$；即

$$\tilde{I}=wq(1+r_f)$$

银行和经销商(开证行和申请人)的利润总和为

$$R = p\min(q,D) - \tilde{I} = pq - p\int_0^q F(x)\mathrm{d}x - \tilde{I}$$

“好申请人”在 $R$ 上的利润分配系数是 $\varphi$。$L/C$ 项下，存在信息不对称的

开证行与申请人之间的优化博弈模型为：

$$\max_{\varphi,C} v\varphi R-(1-v)C$$

$$\text{s. t. } v(1-\varphi)R+(1-v)\beta C\geqslant \tilde{I}$$

$$u\varphi R-(1-u)C\leqslant uR-\tilde{I}$$

目标函数是好申请人的期望利润。约束一说明面对“好的申请人”的开证行的期望利润至少等于银行提供的融资额度，相当于“好的申请人”承诺最低会保证偿还向银行借款的本金。约束二中，“好的申请人”通过主动提供抵押物的价值，使意图伪装的“坏的申请人”的期望利润低于其真实的正常利润：$uR-\tilde{I}$。“好的申请人”制定约束二，意在限定伪装的“坏的申请人”获得的效用低于信息对称时的效用，以激励其真实反应自身的类型。

约束一取到边界，否则“好的申请人”会不断提高在 $R$ 中的分享比例 $\varphi$，直到约束一不等式两边相等；约束二也要取边界，否则同约束一道理相同好的申请人会不断提高在 $R$ 中的分享比例 $\varphi$，直到两边相等。这样，可得最优抵押物价值为

$$C^{*}=\frac{\tilde{I}}{[1+u(1-v)(1-\beta)/(v-u)]}>0$$

“好的申请人”应取得利润分享比例为

$$\varphi^{*}=1-\left[\frac{(1-u)-\beta(1-v)}{v(1-u)-\beta u(1-v)}\right]\times\left[\frac{\tilde{I}}{R}\right]$$

这样，通过向银行传递信号，看好市场销售前景的“好的申请人”通过提供抵押物$C^{*}$和利润分配的策略$\varphi^{*}$，将自己与“坏的申请人”区别开，更顺利地取得银行信用证融资。

## 四、销售合同订立阶段经销商订货决策模型及求解

销售合同订立阶段，是跨境贸易活动循序的起点事件，事件发展的顺序是先有销售合同的订立，然后才有结算合同 L/C 的申请开立。然而，在动态博弈过程中为了找到最优均衡解，这里采用逆向归纳法，从具有信息不对称因素的信用证申请开立阶段开始，从开证行和开证申请人之间的信号模型中先找到抵押物价值、利润分享比例等决策变量的最优解，并以此为基准在销售合同订立阶段找到开证申请企业（经销商）的另一重要决策——订货量的

最优解。此阶段经销商的利润函数为

$$\pi_R = v\varphi(q)R - (1-v)C(q)$$

其中，$\varphi(q)$和 $C(q)$来自 L/C 申请开立阶段博弈后的最优解。

根据 $\frac{\partial \pi_R}{\partial q} = 0$，得到

$$\overline{F}(q)=\frac{w(1+r_f)[v(1+A)+B]}{vp}$$

其中，$\left[\frac{(1-u)-\beta(1-v)}{v(1-u)-\beta u(1-v)}\right]=A$，$\frac{(1-v)(v-u)}{v(1-u)-u\beta(1-v)}=B$。

$$\frac{\partial^2 \pi_R}{\partial q^2}=-vp\times f(q)<0$$

可见经销商的利润$\pi_R$ 是订货量 $q$ 的凹函数，因此 $q$ 具有最大值。

**性质 5.1**　抵押物的价值与订货量正相关，开证申请企业的利润分享比例与订货量负相关。

证明：$\frac{\partial C^*}{\partial q}=\frac{w(1+r_f)(v-u)}{v(1-u)-u\beta(1-v)}>0$

$$\frac{\partial \varphi^*}{\partial q}=-\left[\frac{(1-u)-\beta(1-v)}{v(1-u)-\beta u(1-v)}\right]\times\frac{wp\left[qF(q)-\int_0^q F(x)\mathrm{d}x\right]}{R^2}\times(1+r_f)<0$$

这说明开证申请企业与开证银行的利润分享比例是其订货量的减函数，订货越多所需资金越多，因此受到开证银行的制约就越高，在越发被动的情境里只能通过放弃更高比例的利润换取更高的融资额度。

## 五、算例分析

我们来分析一个进出口合同用信用证结算的案例。设定具体参数数值分别为：零售价 $p=1$，“好的申请人”取得销售高利润的概率为 $v=0.8$，“坏的申请人”取得销售高利润的概率为 $u=0.45$，抵押物评估折扣系数 $\beta=0.5$，无风险利率$r_f=0.05$。需求服从[2,8]上的均匀分布。

当需求服从[2,8]上的均匀分布，不同最优订货量的取值对申请人的利润分享比例的影响趋势见图 5.4。从图 5.4 中可见，在给定取值区间内，信息不对称情境下的申请人订货量越大所需资金越多，则需要的银行信用额度越

高,因为放贷金额越大银行面临的风险也越高,因此随着订货量的增加,借款申请企业越发受制于银行,即银行在谈判中的主动权也随之提高。借款企业与开证银行进行利润分享的谈判时处于更加弱势地位,只有让渡更多的利润比例给银行才能满足更高的资金需求,因而其利润分成随着最优订货量的增加而递减。$\varphi^*$ 随$q^*$ 的增加呈下降走势,但二者不是线性关系。

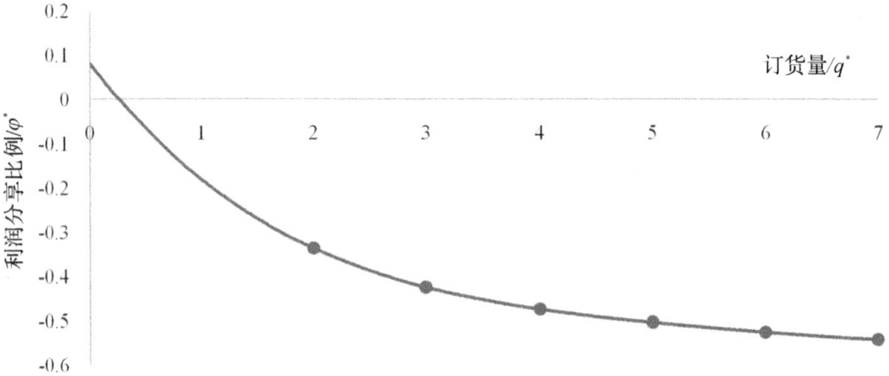


图 5.4　信息不对称时订货量与申请人利润分享比例的关系

从图 5.5 可知给定其他参数取值后,不同最优订货量对提交给开证银行的抵押物价值的影响变化趋势,由于订货量越大所需信用证的资金额度越高,需要提交的抵押物价值也不断进行追加,所以此时的$C^*$ 走势呈上升趋势,并且$C^*$ 与$q^*$ 之间是线性相关。

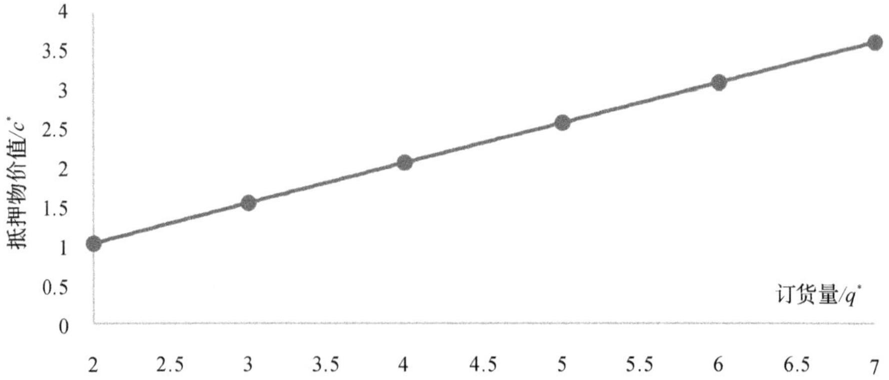


图 5.5　信息不对称时订货量与申请人利润分享比例的关系

# 本章小结

贸易信用中的供应商和零售商存在关于预期市场销售收入信息不对称的情况，并且在零售商享受供应商提供的延迟支付的内部融资便利的条件下，对比供应商不收取利息费用和收取利息费用的两种融资模式，供应商作为博弈中的领导者，对考虑利率波动的销售收入的分配，以及为激励高类型零售商真实报告自己的类型所给予的返利进行优化决策，以实现自己预期利润最大化的目标。当满足一定条件时，免费提供融资便利模式下的供应商得到更多来自低类型零售商的支付，同时减少对高类型零售商返利的支出；或者，免费提供融资便利模式下的供应商预期收到的来自低类型零售商的支付较少，同时增加对高类型零售商返利的支出。但总体上，相对于收取利息的融资模式，免费融资模式可以给供应商带来更高预期利润，因而供应商应采取免费融资模式满足零售商的融资要求。银行信用部分的信息不对称问题研究了以信用证进行货款结算的银行与借款申请企业的最优策略制定过程。本书设计了一个由经销商和银行构成的供应链系统。研究分为两个阶段、运用逆向归纳法寻找博弈均衡解。分析始于信用证订立阶段(第一阶段)，开证行和开证申请人之间存在信息不对称时，“好的申请人”主动向银行提供抵押物，以将自己与“坏的申请人”进行区分，制定与开证行之间的利润分配方案，实现利润最大化目标；第二阶段，确定经销商(开证申请人)的最优订货量；最后通过数值算例分析了 L/C 项下供应链契约各方最优决策间的影响关系，并证明了理论分析的结果。

# 第六章 结 语

## 第一节 研究结论

### 一、税负对融资企业决策的影响

供应链上有融资需求的企业，通过贸易信用、组合融资、银行信用进行融资均会产生融资成本，表现形式是利息。在不考虑企业所得税的情境中，融资利息一般记作财务费用直接抵扣当期利润。企业进行运营策略选择时，直接将其扣减。这时企业融资策略的选择一般是以融资成本更低或融资渠道更顺畅为依据。但是，将企业所得税引入企业目标利润并制定运营和融资策略后，税负因素在不同的融资模式中产生不同的税盾效应，而税盾是对企业订货策略的正向激励，融资成本是对企业订货策略的负向激励。税法对不同的融资模式关于利息抵扣应纳税所得额的规定不同，因此不同的融资模式产生的税盾效应各异。比如，贸易信用被视作关联企业贷款，而关联企业的贷款利率在计算应缴税金时只能按税法规定的利率上限执行，不一定就是关联企业贷款的实际利率；而银行信用产生的利息，按税法规定可全额抵扣企业当期应纳税所得额。所以，一种融资模式的融资成本较低，但可能产生的税盾效应也较小，而另一种融资模式的融资成本较高，却能产生较高的税盾效应，所以融资策略的选择从引入税负的角度来看，是企业在融资成本和税盾效应之间的权衡。

此外，税负本身又是对企业利润的负向激励，企业定价与订货策略的制定，除了需要在融资成本和税盾效应之间的权衡，还应进行合理的税收筹划，在不逃税、不漏税的前提下合理利用税法相关规定，降低企业自身和供应链伙伴企业的纳税成本。

## 二、信息不对称对企业决策的影响

信息不对称问题，是融资方与出资人之间普遍存在的问题。出资人对贷款前的资格审查非常严格，希望以此降低贷款风险，提高贷款本息收回的可能性。本书除了用大量篇幅详细分析税负对企业运营与融资决策的影响之外，还专门就信息不对称因素对企业定价与订货决策的影响进行研究。研究认为，不论是没有第三方机构参与的贸易信用，还是通过第三方金融机构进行融资的行为，作为出资人均主动采取措施，或提出相关要求对融资人的类型进行辨别。贸易信用中的出资人——供应商，以返利为措施甄别融资企业的好坏类型，通过甄别模型进行返利和渠道利润分成的决策；银行信用中融资方为尽快争取到银行贷款，主动向银行提供自身类型的“信号”，以提高银行等金融机构对自身类型的辨别能力，这里通过作为贷款担保的抵押物作为信号，好的融资方通过信号模型进行抵押物价值和渠道利润分成比例、订货量的决策。

## 三、不同融资模式中供应链企业决策的策略建议

因为考虑税负后，贸易信用中的供应商处于主导，不但具有行动决策上的优势，而且能够决策融资利息的收付方式，并且此时利息收付方式直接关系到作为融资方经销商的当期应缴税金和利润，因此为了实现利润最大化目标，供应商应选用加价法的隐性利息收付方式，保证下游融资方企业能够全部享受融资利息引发的税盾效应。组合融资中的供应商如果也有融资需求，在提供贸易信用给下游经销商的前提下，只能通过向供应链以外的第三方金融机构解决融资问题。在供应商和经销商均有融资需求的情境中，企业进行分散决策的过程相对只有贸易信用的情境更为复杂，尤其是上游融资供应商，进行价格决策时既要考虑到提供贸易信用的收益又要兼顾对供应链外部融资的成本。同各种融资模式中的供应商一样，经销商的融资方式也有贸易信用和银行信用之分，研究谈及的经销商决策多为订货量和融资策略的制定。站在经销商角度，决策需要兼顾纳税、融资模式等因素的影响。

融资方和出资人存在信息不对称的情境中，出资人利用甄别机制决策时应了解不同类型融资方的收益数据，然后通过各种激励机制使融资方能够真实反映自身类型。激励融资方真实反映自身类型的激励机制可以由出资方设计，也可由融资方自己主动提供。

## 第二节　研究展望

### 一、融资供应链上企业税收筹划的进一步探索

本书的创新之处是将税负因素引入三种融资模式，考察处于融资供应链上企业的决策。但是，税法关于缴纳企业所得税的优惠规定很多，比如不同性质的企业、不同类型的商品、不同的地区可能面临不同的税率。如何合理利用税率差异并结合融资模式的选择，是研究未来的发展方向之一。

税负因素不仅包含企业所得税，还有企业日常运营必会涉及的增值税、关税等其他相关税种。这些本书并未提及的税种，对需要进行融资企业的各项决策也有重要影响，税法关于这些税种的优惠或限定也非常详尽，企业如何利用相关规定助力企业自身目标优化的实现、寻找最优决策，也是研究未来需要拓展之处。

### 二、融资模式创新的进一步探索

本书研究的贸易信用、组合融资、银行信用是传统的几类融资模式。然而，随着互联网技术和电子技术在金融领域的应用，中小企业发展对资金的强烈渴求，为打破各种法规的限定，融资方和出资方的融资模式创新会不断涌现。不论是基于技术革命的全新融资模式，还是在原有融资模式基础上的全新组合，都是对融资模式的创新，而有融资需求的企业如何在不断创新的融资模式中选择合适的融资策略，如何在选定融资策略下进行价格、产量、订货决策，是未来的拓展方向。

## 三、破产风险、税盾效应与企业融资策略和运营策略的相互影响

融资行为涉及的出资方的风险控制，一直都是相关领域理论界和实践界关注的重点。然而，融资方企业只要发生融资行为，不论采用的融资方式如何，均会面临破产风险。贸易信用中的融资方和出资方是关联企业，作为关联企业的出资方主动希望无法偿债的融资方宣告破产的案例并不常见，而且已有学术成果对破产的研究多从金融机构角度出发讨论银行信贷的风险控制，所以站在企业管理角度的融资风险控制研究，尤其是纯理论模型的研究相对较少。基于此，本书中的研究可进一步拓展：针对决策优化的过程引入破产成本和破产风险，将其与融资产生的税盾效应，以及融资成本相结合，将破产、税负、融资模式几种因素相结合进行综合权衡，考察多种因素对企业利润的影响，预期该种拓展研究将使企业决策的过程更准确并贴近实际，拓展研究对有融资需求的企业，以及有闲置资金打算通过放贷获取投资收益的企业的策略制定将产生更精准的指导作用。

# 参考文献


曹凤岐.互联网金融对传统金融的挑战[J].金融论坛,2015(1):3-65.

董国姝,田中俊.融资平台应收账款融资模式演变及发展趋势——以合作融资模式为视角[J].上海经济研究,2015(6):36-43.

刚号.延期支付下供应链订货、定价与协调机制研究[D].成都:电子科技大学,2013.

赖丹馨,费方域.公私合作制(PPP)的效率:一个综述[J].经济学家,2010(7):97-104.

李继尊.关于互联网金融的思考[J].管理世界,2015(7):1-7.

李毅学,汪寿阳,冯耕中.物流金融中季节性存货质押融资质押率决策[J].管理科学学报,2011,14(11):19-32.

刘晓凯,张明.全球视角下的PPP:内涵、模式、实践与问题[J].国际经济评论,2015(4):53-67.

鲁其辉,曾利飞,周伟华.供应链应收账款融资的决策分析与价值研究[J].管理科学学报,2012,15(5):10-18.

潘福越,林强.基于保理融资模式的收益共享契约研究[J].武汉理工大学学报(交通科学与工程版),2014(2):431-436.

石树琴.信号传递和信息甄别模型浅析及其应用[J].复旦学报,2003(2):246-252.

王达.美国互联网金融的发展及中美互联网金融的比较——基于网络经济学视角的研究与思考[J].国际金融研究,2014(12):47-57.

王文利,骆建文.基于价格折扣的供应链预付款融资策略研究[J].管理科学学报,2014,17(11):20-32.

晏妮娜,孙宝文.考虑信用额度的仓单质押融资模式下供应链金融最优策略[J].系统工程理论与实践,2011,31(9):1274-1679.

于辉,马云麟.订单转保理融资模式的供应链金融模型[J].系统工程理论与实践,2015(7):1733-1743.

于辉,甄学平.先票后货物流金融模式下生产商融资决策模型[J].系统工程理论与实践,2013,33(7):1709-1716.

曾建光.网络安全风险感知与互联网金融的资产定价[J].经济研究,2015(7):131-145.

张媛媛,李建斌.库存商品融资下的库存优化管理[J].系统工程理论与实践,2008,28(9):29-38.

郑联盛.中国互联网金融:模式、影响、本质与风险[J].国际经济评论,2014(5):1-15.

钟远光,周永务,李柏勋,王圣东.供应链融资模式下零售商的订货与定价研究[J].管理科学学报,2011,14(6):57-67.

Almeida H, Phillipon T. The risk-adjusted cost of financial distress[J]. Journal of Finance,2005(62):2557- 2586.

Almgren R,Chriss N. Optimal execution of portfolio transactions[J]. Journal of Risk,2000,3(3):5-39.

Asquith P, Mullins D. Equity issues and offering dilution[J]. Journal of Financial Economics,1986,15(1-2):61-89.

Berk J,Stanton R,Zechner J. Human capital,bankruptcy and capital structure[Z]. Working Paper,University of California Berkeley,2006.

Borade A B,Bansod S V. Study of vendor-managed inventory practices in Indian industries[J]. Journal of Manufacturing Technology Management, 2010(21):1013-1038.

Bradley M, Jarrell G, Kim E H. On the existence of an optimal capital structure: Theory and evidence[J]. Journal of Finance, 1984(39): 857-878.

Burkart M D,Ellingsen T. In-kind finance:A theory of Trade Credit[J]. The American Economic Review,2004,94(3):569-590.

Buzacott J A,Zhang R Q. Inventory Management with Asset-based Financing[J]. Management Science,2004(24):1274-1292.

Cachon G P. Supply Chain Coordination with Contracts[M]. Handbooks in Operations Research & Management Science,2003,11(11):227-339.

Caldentey R, Haugh M B. Optimal control and hedging of operations in the presence of financial markets[J]. Mathematics of Operations Research, 2006, 31(2): 285-304.

Caldentey R, Haugh M B. Supply Contracts with Financial Hedging[J]. Operations Research, 2009(57): 47-65.

Camerinelli E. Supply chain finance[J]. Journal of Payments Strategy & Systems, 2009(3): 114-128.

Chang C-T, Teng J-T, Goyal S K. Inventory lot-size models under trade credits: a review[J]. Asia-Pacific Journal of Operational Research, 2008, 25(1): 89-112.

Chang H L, Rhee B D. Coordination contracts in the presence of positive inventory financing costs[J]. International Journal of Production Economics, 2010, 124(2): 331-339.

Chao X, Chen J, Wang S. Dynamic inventory management with financial constraints[J]. Naval Research Logistics, 2008, 55(8): 758-768.

Chen X, Hu C. The value of supply chain finance[C]//Habib M. Supply Chain Management-Applications and Simulations, 2011: 111-132.

Chen X, Wan G. The effect of financing service on a budget-constrained supply chain[J]. Asia-Pacific Journal of Operational Research, 2011, 28(4): 457-485.

Chen X, Wang A. Trade credit contract with limited liability in the supply chain with budget constraints[J]. Annals of Operations Research, 2012, 196(1): 153-165.

Christoper M, Ryals L. Supply chain strategy: its impact on shareholder value [J]. International Journal of Logistics Management, 1999, 10(1): 1-10.

Coco G. On the use of collateral[J]. Journal of Economic Surveys, 2000(2): 191-214.

Cornett M, Travlos N. Information effects associated with debt for equity and equity for debt exchange offers[J]. Journal of Finance, 1989, 44(2): 451-468.

Dammon R, Senbet. The effect of taxes and depreciation on corporate investment and financial leverage[J]. Journal of Finance, 1988, 43(2): 357-73.

Deakins D, Hussain G. Risk assessment with asymmetric information[J]. International Journal of Bank Marketing,1994,12(1):24-31.

DeAngelo H, Masulis R W. Optimal capital structure under corporate and personal taxation[J]. Journal of Financial Economics,1980,8(1):3-29.

Dhaliwal D, Trezevant R, Wang S. Taxes, investment related tax shields and capital structure[J]. Journal of the American Taxation Association,1992 (14):1-21.

Ding Q, Dong L, Kouvelis P. On the integration of production and financial hedging decisions in global markets[J]. Operations Research, 2007, 55 (3):470-489.

Dong Y, Xu K, Dresner M. Environmental determinants of VMI adoption: an exploratory analysis[J]. Transportation Research Part E: Logistics and Transportation Review,2007(43):355-369.

Dotan A, Ravid S A. On the interaction of real and financial decisions of the firm under uncertainty[J]. Journal of Finance,1985,40(2):501-517.

Engel E M E, Maydew E. Debt-equity hybrid securities[J]. Journal of Accounting Research,1999,37(2):249-274.

Fama E F, French K R. Testing trade-off and pecking order predictions about dividends and debt[J]. Review of Financial Studies,2002,15(1):1-33.

Fenmore E. Making purchase-order financing work for you[J]. The Secured Lender,2004,60(2):20-24.

Filbeck G, Gorman R, Greenlee T, et al. The stock price reaction to supply chain management advertisement and company value[J]. Journal of Business Logistics,2005,26(1):199-216.

Funke K, Irwin T, Rial I. Budgeting and Reporting for Public-Private Partnerships. International Transport Forum Discussion Papers, March [C]. International Transport Forum Discussion Papers. OECD Publishing, 2013.

Gale D, Hellwig M. Incentive-compatible debt contracts: the one-period problem[J]. Review of economic studies,1985,52(52):647-663.

Gaur V, Seshadri S. Hedging inventory risk through market instruments[J]. Manufacturing & Service Operations Management,2005,7(2):103-120.

Gaur V, Subrahmanyam M G. Securitization and Real Investment in Incomplete Markets[J]. Management Science, 2011, 57(12): 2180-2196.

Gomm M L. Supply chain finance: applying finance theory to supply chain management to enhance finance in supply chains[J]. International Journal of Logistics Research and Applications, 2010(13): 133-142.

Gong X, Chao X, Simchi-Levi D. Dynamic inventory control with limited capital and short-term financing[J]. Naval Research Logistics, 2014, 61(3): 184-201.

Graham J R. How big are the tax benefits of debt? [J]. Journal of Finance, 2000, 55(5): 1901-1941.

Graham J R. Debt and the marginal tax rate[J]. Journal of Financial Economics, 1996a, 41(1): 41-74.

Graham J R. Estimating the tax benefits of debt[J]. Journal of Applied Corporate Finance, 2001, 14(1): 42-54.

Graham J, Mills L. Using tax return data to simulate corporate marginal tax rates[J]. Journal of Accounting and Economics, 2008, 46(2-3): 366-388.

Gupta D, Wang L. A Stochastic Inventory Model with Trade Credit[J]. Manufacturing & Service Operations Management, 2009, 11(1): 4-18.

Hayes D C, Hunton J E, Reck J P. Information systems outsourcing announcements: investigating the impact on the market value of contract-granting firms [J]. Journal of Information Systems, 2000, 14(2): 109-125.

Hendricks K B, Singhal V R. The effect of supply chain glitches on shareholder wealth[J]. Journal of Operations Management, 2003, 21(5): 501-522.

Hendricks K B, Singhal V R. An empirical analysis of the effect of supply chain disruptions on long-run stock price performance and risk of the firm [J]. Production and Operations Management, 2005a, 14(1): 35-52.

Hendricks K B, Singhal V R. The association between supply chain glitches and operating performance[J]. Management Science, 2005b, 51(5): 695-711.

Hendricks K B, Singhal V R. Demand-supply mismatch and stock market reaction: evidence from excess inventory announcements[J]. Manufacturing & Service Operations Management, 2009, 11(3): 509-524.

Hendricks K B, Singhal V R, Stratman J K. The impact of enterprise systems on corporate performance: a study of ERP, SCM, and CRM system implementations[J]. Journal of Operations Management, 2007, 25(1): 65-82.

Hendricks K B, Singhal V R, Zhang R. The effect of operational slack, diversification, and vertical relatedness on the stock market reaction to supply chain disruptions[J]. Journal of Operations Management, 2009, 27(3): 233-246.

Hitt L M, Wu D J, Zhou X G. Investment in enterprise resource planning: business impact and productivity measures[J]. Journal of Management Information Systems, 2002, 19(1): 71-98.

Hofmann E, Belin O. Supply Chain Finance Solutions[J]. Journal of Central University of Finance & Economics, 2011(11): 23-30.

Hofmann E. Supply Chain Finance: Some conceptual insights[M]//LASCH R, JANKER C G. Logistik management—Innovative logistikkonzepte. Wiesbaden: Deutscher Universittsverlag, 2005: 203-214.

Hsu V N, Zhu K. Tax-Effective Supply Chain Decisions Under China's Export-Oriented Tax Policies[J]. Manufacturing & Service Operations Management, 2011, 13(2): 163-179.

Hu Q, Dada M. Bank Financing Newsvendor Inventory: Coordinating Loan Schedules[M]//Handbook of Integrated Risk Management in Global Supply Chains, John Wiley & Sons, 2011: 363-385.

Hu Q, Sobel M J, Turcic D. Optimization of inventory and dividends with risky debt [EB/OL]. [2010-10-11]. Available at http://ssrn.com/paper=1592003, 2010.

Huh W T, Park K S. Impact of transfer pricing methods for tax purposes on supply chain performance under demand uncertainty[J]. Naval Research Logistics, 2013, 60(4): 269-293.

Irvine P, Rosenfeld J. Raising capital using monthly income preferred stock: Market reaction and implications for capital structure theory[J]. Financial Management, 2000, 29(2): 5-20.

Johnson M, Templar S. The relationships between supply chain and firm performance: the development and testing of a unified proxy[J]. International Journal of Physical Distribution & Logistics Management, 2011, 41(2): 88-103.

Jokivuolle E, Peura S. Incorporating collateral value uncertainty in loss given default estimates and loan-to-value ratios[J]. European Financial Management, 2003, 9(3): 299-314.

Klapper L F. The role of factoring for financing small and medium enterprises[J]. Journal of Banking & Finance, 2006(30): 3111-3130.

Klapper L F, Laeven L, Rajan R. Trade credit contracts[J]. Review of Financial Studies, 2011, 25(3): 838-867.

Klapper L F, Randall D. Financial crisis and supply-chain financing[M]// in Chauffour, J. and Malouche, M. (Eds), Trade Finance During the Great Trade Collapse, The World Bank, Washington, DC, 2011: 73-86.

Kouvelis P, Zhao W. The Newsvendor Problem and Price-Only Contract When Bankruptcy Costs Exist[J]. Production & Operations Management, 2010, 20(6): 921-936.

Kouvelis P, Zhao W. Financing the Newsvendor: Supplier vs. Bank, the Structure of the Optimal Trade Credit Contract[J]. Operations Research, 2012, 60(3): 566-580.

Kouvelis P, Zhao W. Supply Chain Contract Design Under Financial Constraints and Bankruptcy Costs[J]. Management Science, 2015.

Lai G M, Debo L G, Sycara K. Sharing inventory risk in supply chain: The implication of financial constraint[J]. Omega, 2009, 37(4): 811-825.

Lamoureux J-F, Evans T A. Supply chain finance: a new means to support the competitiveness and resilience of global value chains[Z]. SSRN Working Paper, No. 2179944, Rochester, NY, 2011.

Leland H E, Pyle D H. Informational asymmetric, financial structure, and financial intermediation[J]. Journal of Finance, 1977(32): 2371-387.

Lemmon M, Zender J. Looking under the lamppost: An empirical examination of the determinants of capital structure[Z]. Working Paper, University of Utah, 2001.

Lewellen W G, Edmister R O. A General Model for Accounts-Receivable

Analysis and Control[J]. Journal of Financial & Quantitative Analysis, 1973,8(2):195-206.

MacKie-Mason J K. Do taxes affect corporate financing decisions? [J]. Journal of Finance,1990,45(5):1471-1493.

Masulis R W. Stock repurchase by tender offer:An analysis of the causes of common stock price changes [J]. Journal of Finance, 1980, 35 (2): 305-319.

Masulis R W, Korwar A. Seasoned equity offerings: An empirical investigation [J]. Journal of Financial Economics,1986,15(1-2):91-118.

McCarthy T, Nayar N. Does Supply Chain Excellence Pay? [EB/OL]. [2011-11-12]. http://cscmp. org/downloads/public/academics/10scmec/presentation11. pdf,2011.

Mian S L,Smith C W. Extending trade credit and financing receivebles[J]. Journal of Applied Corporate Finance,1994,7(7):75-84.

Mikkelson W, Partch M. Valuation effects on security offerings and the issuance process [J]. Journal of Financial Economics, 1986, 15 (1-2): 31-60.

Miller M H. Debt and taxes[J]. Journal of Finance,1977,32(2):261-275.

Minton B, Wruck K H. Financial policy, investment opportunities and the demand or external financing:Evidence from low debt firms[Z]. Working Paper,Ohio State University,2001.

Mitra S,Singhal V. Supply chain integration and shareholder value:evidence from consortium based industry exchanges [J]. Journal of Operations Management,2008,26(1):96-114.

Modigliani F,Miller M H. The cost of capital, corporation finance and the theory of investment [J]. American Economic Review, 1958, 48 (3): 261-297.

Moerman R W. The impact of information asymmetry on debt pricing and maturity[Z]. Working Paper,2005.

More D,Basu P. Challenges of supply chain finance:a detailed study and a hierarchical model based on the experiences of an Indian firm [J]. Business Process Management Journal,2013(19):624-647.

Myers S C. The capital structure puzzle[J]. Journal of Finance, 1984, 39(3): 575-592.

Myers S C. Still searching for the optimal capital structure[J]. Journal of Applied Corporate Finance, 1993, 6(1): 4-14.

Nayar N. Does the tax advantage of debt really increase firm value? [Z]. Working P aper, Lehigh University, 2005.

Palia D, Sopranzetti B. Securitizing Accounts Receivable[J]. Review of Quantitative Finance and Accounting, 2004(22): 29-38.

Pfohl H C, Gomm M. Supply chain finance: optimizing financial flows in supply chains[J], Logistics Research, 2009(1): 149-161.

Pozzolo A F. The role of guarantees in bank lending[Z]. Working Paper, Bank of Italy, 2004.

PWC. Demistify supply chain finance-insight into the what, why, how, where and who[EB/OL]. [2016-01-22]. http: www. pwc. com/us/en/issues/surviving-the-financial-downturn/assets/supply_ chain_finance. pdf, 2009.

Raghavan N R, Mishra V K. Short-term financing in a cash-constrained supply chain[J]. International Journal of Production Economics, 2011, 134(2): 407-412.

Ross S. The determination of financial structure: The incentive signaling approach [J]. Bell Journal of Economics, 1977(8): 23-40.

Seifert D. Collaborative Working Capital Management in Supply Networks [J]. École Polytechnique Fédérale De Lausanne, 2010.

Seifert D, Seifert R W, Protopappa-Sieke M. A review of trade credit literature: opportunities for research in operations[J]. European Journal of Operational Research, 2013, 231(2): 245-256.

Shah K. The nature of information conveyed by pure capital structure changes [J]. Journal of Financial Economics, 1994, 36(1): 89-126.

Smith J K. Trade credit and informational asymmetry[J]. The Journal of Finance, 1987, 42(4): 863-869.

Smith J K, Schnucker C. An empirical examination of organizational structure: The economics of the factoring decision[J]. Journal of Corporate Finance, 1994, 1(1): 119-138.

Soni H, Shah N H, Jaggi C K. Inventory models and trade credit: a review [J]. Control and Cybernetics, 2010, 39(3): 867-882.

Sopranzetti B J. The economics of factoring accounts receivable[J]. Journal of Economics & Business, 1998, 50(4): 339-359.

Soufani K. On the determinants of factoring as a financing choice: evidence from the UK[J]. Journal of Economics and Business, 2002, 1(54): 239-252.

Srivastava R K, Shervani T A, Fahey L. Market-based assets and shareholder value: a framework for analysis[J]. Journal of Marketing, 1998, 62(1): 2-18.

Stefanescu I. Capital structure decisions and corporate pension plans[Z]. Working P aper. Indiana University, 2006.

Swink M L, Golecha R, Richardson T. Does supply chain excellence really pay off? [J]. Supply Chain Management Review, 2010, 14(2): 14-21.

Tanrisever F, Cetinay H, Reindorp M. Value of reverse factoring in multi-stage supply chains[EB/OL]. (2011-06)[2016-01-20]. http: www. bus. umich. edu/Conferences/msom2011/GetFile. aspx? paper_ord¼17475, 2012.

Tanrisever F, Cetinay H, Reindorp M, et al. Value of Reverse Factoring in Multi-stage Supply Chains[J]. Social Science Electronic Publishing, 2012.

Whitin T M. Inventory Control and Price Theory[J]. Management Science, 1955, 2(1): 61-68.

Wuttke D A, Blome C, Foerstl K, et al. Managing the innovation adoption of supply chain finance-empirical evidence from six European case studies [J]. Journal of Business Logistics, 2013, 34(2): 148-166.

Xiao W, Hsu V, Hu Q. Manufacturing Capacity Decisions with Demand Uncertainty and Tax Cross-Crediting[J]. Manufacturing, Services & Operations Management, 2015, 17(3): 384-398.

Xu X D, Birge J R. Joint Production and Financing Decisions: Modeling and Analysis[EB/OL]. (2005-01-23)[2021-03-20]. https://papers. ssrn. com/sol3/papers. cfm? abstract_id=652562. Ssrn Electronic Journal.

Xu X D, Birge J R. Equity valuation, production, and financial planning: A stochastic programming approach[J]. Naval Research Logistics,2006,53(7):641-655.

Yang S,Birge J. CHow Inventory Is (Should Be) Financed:Trade Credit in Supply Chains with Demand Uncertainty and Costs of Financial Distress [EB/OL]. SSRN Working Paper,http://ssrn. com/abstract=1734682 or http://dx. doi. org/10. 2139/ssrn. 1734682,2009.

Zhou J, Groenevelt H. Impacts of financial collaboration in a three-party supply chain[Z]. Working Paper. University of Rochester,2008.

# 后　记

转眼匆匆数年，通过这几年在上海财经大学的学习，接受导师田中俊副教授的耐心细致的指点，我完成了博士学业，感慨无限，太多感恩在心中。

感谢我的导师田中俊教授，让我有机会接触到全新的、不同于以往的学术研究领域，获得了新的研究方法并用全新视角领略科研魅力。老师严格并悉心的引领和指导，让我从对企业运营与供应链管理领域研究的懵懂状态逐渐找到一个明确清晰的方向，并在我遇到挫折困境时及时给予鼓励，让我重拾坚持的信心。老师对学术的专注态度和一丝不苟的研究精神，以及在时下社会里始终正直的品格，永远值得我学习。在此向我的导师表达最诚挚的感谢！

感谢谢家平教授。谢老师学识广博，工作态度认真负责，在我犹豫倦怠时不断激励我想尽办法克服困难，让我坚定脚步继续前行。在此，也将最诚挚的感谢献给谢老师，感谢老师给予我的帮助和鼓励！感谢读博期间授课的各位老师，他们是王玉、贺小刚、魏航、王文斌、孙元欣、童春阳、钱驱、王军、黄旭、沈伟、王鹤利。老师们的渊博学识和专注的科研精神将一直鼓励着我前行。感谢陈伟智老师、刘伟萍老师，做你们的学生是我的荣幸。感谢负责博士生培养工作的吴琼老师，感谢我的辅导员谢琳老师，是你们耐心、细致、认真的工作，为我们的学习生活创造了良好的环境。

感谢同门师姐、师妹、师兄、师弟，感谢你们在学习和生活中给予的帮助，希望有机会能够再次并肩。

感谢浙江树人大学夏晴教授、张亚珍教授、朱红缨教授、万国伟教授，感谢徐波副教授、董自光副教授，本书的出版离不开大家的鼓励和帮助。

感谢我的父母，你们给予我生命、希望、意志，是我前行中最坚强的后盾。感谢父亲，你万丈的光芒在无数个严冬中温暖了我！还有那年平安夜之后身处远方的一位亲人，在此我将无尽的祝福送给你们，希望你们无论身在何处都能幸福，过得开心，活得轻松。还要特别感谢一位朋友、亲人，愿不忘初心，能得始终。

感谢我的丈夫，在学习和生活上给予我的照顾、支持和信任。

感谢我的女儿，冷暖人世间，除了你，一切繁华都是背景。

谨以此书献给我的父亲和我的女儿。

董国姝

2021 年 7 月